Wohin?
Warum?
Wie war's?

Apulien

Im Schlaraffenland
des Stauferkaisers

Ute Fischer
Bernhard Siegmund

Ein Buch aus dem

Redaktionsbüro Fischer + Siegmund
In den Rödern 13
64354 Reinheim

Fotos: Fischer (13), Siegmund (13)

Das Buch wurde nach bestem Wissen zusammengestellt. Für die Richtigkeit der beschriebenen Angaben wird keine Gewähr übernommen

ISBN: 978-3-7528-3887-9

© 2018 Ute Fischer + Bernhard Siegmund
Herstellung und Verlag:BoD- Books on Demand, Norderstedt

Wohin? Warum? Wie war's?

Dies ist kein übliches Reise-Buch. Zwar waren wir als Reisejournalisten Jahrzehntelang unterwegs, geübt in Reiserecherche und Reisereportagen. Doch diese Geschichte ist eine private, nicht unbedingt objektiv, sondern eher sehr subjektiv, wie man eben private Reisen empfindet. Das spiegelt sich wider in den Flops und Tops, die wir erlebten. Kurz: Wir haben uns als Reisende selbst aufs Maul geschaut, uns selbst zugehört und unsere Gefühle reflektiert, ohne Rücksicht auf irgendjemanden und irgendetwas, außer auf uns selbst.

Apulien ist bereits das siebte Buch dieser Reihe. Wenn wir von Reisen heimkehren, suchen wir immer nach einer erschöpfenden Antwort auf die Frage: „Wie war`s?" Wer selbst reist, weiß, dass es darauf keine einfache, vor allem keine kurze Antwort geben kann. Klar. Schön war`s. Und aufregend. Und ganz anders, als erwartet. Das alleine wäre aber ein ärmliches Fazit und könnte nicht einmal ansatzweise beschreiben, wie unsere Apulien-Reise verlief. Fahren Sie doch einfach mal selbst hin!

Apulien – das fängt ja gut an

In der Regel entscheiden wir erst unterwegs, ob wir unsere Reiseeindrücke als Buch festhalten oder unsere Erlebnisse lieber dem allmählichen Vergessen überlassen. Bei den „Sehnsuchtsorten in Süditalien" lief alles ein bisschen anders. Gebucht hatten wir bei einem überregional operierenden Veranstalter – er wird ganz hinten genannt – bereits im Januar für die ersten zehn Juni-Tage. Die Anzahlung von 20 Prozent wurde sofort fällig. Das ist meistens so. Doch nach zwei Wochen erhielten wir die Mahnung, dass wir nicht bezahlt hätten, obwohl wir bezahlt hatten. Kann ja mal passieren, wenn man ein (O-Ton) „größerer mittelständischer Reiseveranstalter ist, der viele Prozesse aus organisatorischen Gründen halbautomatisieren muss".

Noch lief alles normal mit unserer Apulien-Reise, dachten wir. Die Restzahlung hatten wir per Termin-Überweisung auch rechtzeitig in unser Online-Banking-System eingegeben und sie wurde auch abgebucht. Dann – zwei Wochen vor Reisebeginn – machte ich mich noch schlau, wann die Tickets und Vouchers eintreffen sollten. „Circa zehn Tage vor Abreise" stand in unseren Unterlagen. Also warteten wir brav. Zehn Tage vor Abreise kamen aber nicht die Unterlagen, sondern ein Brief, wir sollten schnell bezahlen, wenn wir unsere Reise nicht gefährden wollten. Da platzte mir der Kragen. Ich hatte auf den Tag genau – einen Monat vor Abreise – den Restbetrag überwiesen. Er war auch nicht zurückgekommen, aus welchen Gründen auch immer. Ich versuchte, zu telefonieren. Dafür gibt es nur eine kostenpflichtige Servicenummer Tel. 01807-231111. „Rufen Sie später an, alle Mitarbeiter sind im Gespräch." So ging es einen ganzen Tag. Und noch einen. Und noch einen. Ich schrieb einen Brief an den Geschäftsführer, legte unseren Überweisungsträger bei und mailte das Ganze an den Veranstalter. Prompt erhielt ich auch eine Referenznummer: „Vielen Dank für Ihre Nachricht. Wir werden schnellstmöglich…" Der nächste Tag verging, ohne dass wir eine Antwort erhielten. Dazwischen versuchten wir immer und immer wieder die Servicenummer. Keine Chance.

Ich probierte eine List. Es gab auf einem Prospekt auch eine Telefonnummer, um Reisebuchungen aufzugeben. Volltreffer. Da war sofort jemand am Apparat. Über meine Kundennummer wusste er sofort, wer ich war und dass ich für dieses Kalenderjahr bereits drei Reisen gebucht hatte. Er wolle meine Reklamation an die Buchhaltung weiterleiten. Inzwischen war ein weiterer Tag verstrichen, als wir eine lange Mail von einem i.A.-Mitarbeiter erhielten. Der machte uns nun schlau, was wir falsch gemacht hatten. Erstens hatten wir die Anzahlung nicht einzeln, sondern zusammen mit der Anzahlung für eine weitere gebuchte Reise auf die Insel Jersey überwiesen; selbstverständlich mit zwei verschiedenen Reisenummern. Aber das sind die wohl nicht gewohnt, dass man mehrere Reisen gleichzeitig bei ihnen bucht und demzufolge die Anzahlungen zum gleichen Zeitpunkt fällig werden. Zum Unglück hatte ich bei der Reisenummer für Apulien auch noch eine Neun in der 15stelligen Zahlenreihe vergessen. Deshalb „konnte man meine Zahlung" nicht zuordnen (trotz Name, trotz Kundennummer). EHM....

Die Reiseunterlagen kamen trotzdem nicht. Schließlich war es Montag und am Freitag wollten wir losfliegen. Wir wussten keine Abflugzeit, um zum Beispiel ein Taxi zu bestellen, was in den frühen Morgenstunden zum Problem werden kann. Erneut rief ich auf der Buchungs-Telefonnummer an. Wieder war ich erstaunt, wie gläsern ich anscheinend mit meinen Daten bei der angerufenen Dame dastand. Sie wolle sich sofort darum kümmern, dass wir an unsere Reiseunterlagen kämen; denn – am

Donnerstag war ja auch noch ein Feiertag, ohne Postzustellung. Kaum zu glauben: Eine Stunde später landete der Voucher samt Abflug- und Ankunftszeiten per E-Mail in meiner Mailbox. Spätestens zu diesem Zeitpunkt beschlossen wir, das Buch zu schreiben, wohl bemüht, nun keine negativen Rabattmärkchen sammeln zu wollen. Zwei Tage vor der Abreise erhielten wir dann endlich unseren Voucher per E-Mail. Aha: Wir fliegen mit Lufthansa. Dies sei ein ticketloser Flug. Wir sollten nur unseren Personalausweis am Counter zeigen.

Und los geht die Reise

Abflug um 10.45 Uhr. Obwohl dies kein Charterflug ist, sollen wir zwei Stunden vor Abflug am Flughafen sein. Also Abfahrt von Zuhause um 7.30 Uhr bis zum Bahnhof Darmstadt. Während ich das Auto im Parkhaus parke, kauft Bernhard ein zwei-Wochen-Parkticket für 52 Euro. Der Airliner-Bus zum Flughafen ist pünktlich. Das ist schon eine günstige Verbindung.

Wir wollen/sollen elektronisch einchecken. Bernhard lässt sich mühelos einchecken; dann hakt es bei mir. Der Automat fragt plötzlich nach einer nicht vorhandenen Buchungsnummer. Auch die herbeigeeilte Bodenstewardess weiß keinen Rat und schickt uns mit einem Servicekärtchen als Legitimation zu einem Schalter, wo noch echt „händisch" eingecheckt werden kann. Wir ergattern unsere Lieblingsplätze: beide am Gang nebeneinander. Wegen angeblich starken Andrangs bei der Handgepäck-Kontrolle sollen wir uns – 1,5 Stunden vor Abflug – schon jetzt dorthin begeben. Also trinken wir schnell unser Wasser aus und eilen zur Kontrollstraße. Keine Spur von Wartezeiten. Was soll's. Angeblich habe es kurz vorher einen starken Andrang von reisenden Chinesen gegeben, erklärt man uns.

Wie immer pfeift alles an mir, als ich das Kontrolltor durchlaufe: BH, Schlüpfer, Schuhe. Mein Angebot, die Hose herunter zu lassen, wird wie immer mit einem leisen Aufschrei abgelehnt. Nicht einmal die Schuhe muss ich ausziehen. Auch Bernhard schleust sich anstandslos durch. So schlendern wir mit viel, viel Zeit auf das Gate A24 zu, nehmen unterwegs noch einen Espresso und einen Kaffee zu uns und hinterlassen einen Teil der Flüssigkeiten auf der Toilette. Schnell mal üben: „Dové il bagno?" Das ist italienisch: Wo ist die Toilette.

Am Gate A24 sind viele, viele Menschen. Wir ergattern zwei Stühle am Tisch eines Paares aus Mannheim. Die mussten noch früher los, haben dafür aber bereits am Vorabend mit dem Computer eingecheckt. Upps. Auch sie reisen nach Apulien. Na, dann werden wir uns wohl die nächsten zehn Tage häufiger begegnen.

Der Airbus A 321 ist für maximal 200 Plätze eingerichtet. Die Stewardess macht uns klar: Heute sind es 200, die auf diesem Linienflug nach Rom die letzte Lücke im Flugzeug füllen. Wir sind erstaunt, dass wir einen kostenlosen Snack angeboten bekommen: Käse- oder Salami-Sandwich. Schmeckt sehr gut. Es gibt auch Getränke. Sogar Sekt wird offeriert!

Ankunft in Rom.

Wie bei unserer Rom-Reise vor zwei Jahren gibt es tüchtig Gedränge am Gepäckband, weil darauf die Ankunft von drei oder vier Flügen gleichzeitig abgewickelt wird.

Angestrengt halten wir Ausschau nach einem Schild unseres Reiseveranstalters. Andere Reisende, sehen wir, haben erkennbare blaue Kofferanhänger; wir nicht. Dann finden wir das Logo unseres Veranstalters in der Hand einer jungen Frau, die aus der zweiten Reihe damit winkt; allerdings so unglücklich, dass die weiche Pappe immer wieder nach vorne kippt und nur zu lesen ist, wenn sie sie wieder nach Hinten kippt.

Wo wohnen wir?

Im Angebot waren zwei verschiedene Hotels in Rom als Möglichkeiten angekündigt. Wir hatten uns die Lage schon mal zuhause auf dem Stadtplan angeschaut. Eines liegt südlich des Vatikans und links vom Tiber und hat eine ziemlich miese Verbindung in die Innenstadt von Rom. Das zweite liegt rechts vom Tiber und unweit der Metro. Wir hatten uns schon ausgemalt, wie wir ratz-fatz mit einem 1,50-Euro-Ticket in die Innenstadt kommen würden. Fehlanzeige! Es ist ein ganz anderes Hotel, das Occidental Aran Park, und es liegt – eingebettet in einen schönen Park und in stiller Wohngegend – doch immerhin 30 Gehminuten von der Metro Station Laurentina entfernt. Die ziemlich große Anlage liegt in der Via Riccardo Forster. Dass wir diese genaue Adresse noch brauchen würden, ahnen wir zu diesem Zeitpunkt noch nicht.

Mit Gepäck werden wir in einen nüchternen Raum gebeten. Christiane Taber, Mitarbeiterin unseres Reiseveranstalters, begrüßt uns eigenartig emotionslos, als leide sie unter dem Asperger Syndrom. Eigentlich geht es bei dieser Zusammenkunft nur darum, uns schon jetzt Voucher für zwei Ausflüge zu verkaufen, die im Reise-Preis nicht enthalten sind: Matera, die

Stadt mit den Felsenwohnungen, und ein weiterer Ausflug zu drei besonders pittoresken Orten, die zu den 100 schönsten Kleinstädten Italiens gehören sollen. Nein, es bleibe keine Zeit zu überlegen: entweder jetzt oder gar nicht. Wir kaufen die Tickets; schließlich wollen wir so viel wie möglich von Apulien erleben. Dann gibt es noch einen Hinweis, dass der Hotel-Shuttle Gäste für fünf Euro in die Innenstadt Roms zur Piazza Venezia bringe. Das ist der große Platz mit dem monumentalen weißen Denkmal für Vittorio Emanuell II., das die Römer „Schreibmaschine" oder „Gebiss" nennen. Wir konnten es, als wir vor zwei Jahren in Rom weilten, von unserem Badezimmerfenster aus und von der Dachterrasse sehen.

Verzweifelt suche ich nach meinem Notizbuch, in dem bereits die ersten Aufzeichnungen stehen. Ich ärgere mich, weil ich es vermutlich im Gepäcknetz des Vordersitzes im Flugzeug vergessen habe. Es war so schön klein, dass man es auch mal in die Hosentasche stecken konnte. Mir schwant, dass ich nun die Aufzeichnungen für dieses Buch auf viele, viele nummerierte Zettel werde niederschreiben müssen.

Wiedersehen mit Rom

Wir entscheiden uns für den Shuttle-Bus des

Hotels. Leider sind wir einer zu viel für den Minibus. Also drängelt uns der Fahrer hinein. Die uns schon gekannte Mannheimerin mault zwar, weil sie wegen mir nun auf zwei Sitzhälften Platz nehmen muss und deshalb die Armlehne ins Kreuz kriegt, aber irgendwie geht es dann doch, dass wir über die ruppeligen Straßen zur Piazza Venezia gelangen. Die Mannheimerin und ich rächen uns, in dem wir nur jeweils den halben Preis zahlen; aber der Fahrer ist damit zufrieden.

Bernhard und ich kennen uns hier gut aus. Wir erinnern uns an die vielen kleinen Lädchen im Stadtteil Monte, ehemaliges Handwerkerviertel, in dem wir vor zwei Jahren in Rom gewohnt hatten. Aber ach Ohweh, wir wissen gar nicht, wie wir auf die Gegenseite der Via dei Fori Imperiali gelangen können. Überall gibt es Absperrungen, zum Colosseum hin sogar richtige Tribünen entlang der Straße; das sieht nach einem geplanten Aufmarsch aus. Erst am nächsten Tag erfahren wir von unserer Stadtführerin Brigitte, dass der 2. Juni der Nationalfeiertag der Italiener ist, der immer mit einer Militärparade längs der Via dei Fori Imperiali begangen wird. Irgendwie schlupfen wir dann aber doch durch eine löcherige Sperre und gelangen ins Monte. In Sichtweise zu unserem früheren Hotellchen finden wir wieder die schmale Seitenstraße, in der wir meist gegen Abend noch etwas zum Einkehren suchten. Der schnuckelige Laden, in dem wir täglich Wein und Tiralli gekauft hatten, existiert nicht mehr; er ist umgebaut, modernisiert. Schade. Der hatte so viel Krimskram, da hätte ich vermutlich sogar ein neues Notizbuch gefunden.

Die Sonne brennt heiß in die enge Gasse. Ich merke es an Bernhards Laufgeschwindigkeit, dass ihm die Hitze zu schaffen macht. Weiter im Kurschritt treffen wir auf ein Lädchen mit Kopierern, Papier und – unfassbar – Ringbücher; zwar mit DIN A5 doppelt so groß wie mein verloren gegangenes Büchlein, aber immerhin ideal für meine Aufschreibungen. 3,90 Euro. Glücklich laufen wir ein Parallelsträßchen zurück. Ich habe mir zwar die Rückfahrzeiten des Hotel-Shuttles aufgeschrieben, aber Lust auf diese enge Kiste haben wir beide nicht. Wir versuchen es mit dem Öffentlichen Nahverkehr und laufen zum Colosseum. Drin waren wir beide noch nicht. Ein englisch sprechender Inder erklärt uns auf der Straße, dass man sich einer Führung anschließen könnte. Aber die dauert zwei Stunden und das Colosseum schließt um 17.00 Uhr. Es ist aber schon kurz nach 16.00 Uhr. Also: abgehakt.

Auf der Suche nach unserem Zuhause

Eine Fahrkarte in der Metro mit anhängender Busverbindung kostet pro Person 1,50 Euro. Sie hat eine Gültigkeit von 100 Minuten. Ticketstände sind praktisch überall in der Stadt und im Vorraum der Metro Colosseo zu finden. Wir suchen und finden ganz leicht die Verbindung (blaue Metro B) zur Endstation Laurentina. Und los geht es. Dort angekommen, fragen wir an einem Kiosk, wie wir wohl zu unserem Hotel kommen können. Einen Bus, der ganz in der Nähe hält, gibt es; das wissen wir. In bruchstückhaftem Italienisch bedeute ich, in welche Straße wir müssen: Via Riccardo Forster Nr. 24. Die Kioskbetreiberin surft unter Beratung von zwei Mitarbeitern in ihrem Smartphone und findet tatsächlich den richtigen Bus Nr. 721 um 17.40 Uhr und auch gleich die Haltestelle, an der wir aussteigen müssen: Aridicano Giorgio. Besonders an das Giorgio ermahnt sie mich. Später wissen wir auch warum, denn es gibt mehrere Haltestellen, die Aridicano heißen, aber mit drei unterschiedlichen Namenszusätzen.

Alles gut so, aber am Ausgang Laurentina gibt es drei verschiedenen Straßen und wenigstens fünf Haltestellen für Busse mit ganz ähnlichen Nummern wie 720, 722, 726. Wir suchen getrennt, fragen, gehen in die angedeutete Richtung, finden viele Busse, aber nicht die 721. Wir fragen eine Gruppe von Busfahrern wieder, ich erhalte ein Kompliment, weil ich die Zahl 721 mit „sete-cento-ventuno" richtig italienisch ausspreche, wieder gibt es einen Wink mit der Hand. Und dann finden wir die Haltestelle, natürlich mit der Bezeichnung nur auf einer Seite und nicht in unsere Richtung. Noch sind es wenige Minuten vor der Abfahrtzeit. Kein Bus da, dafür fünf sechs weitere Leute, die anscheinend auch auf diesen Bus warten und sich auf ein schattiges Plätzchen hinter einen anderen Bus gestellt haben. Als der wegfährt, stehen wir wieder alle in der gleißenden Sonne. Es ist brüllend heiß. Wir grasen den Platz nach einem Taxistand ab. Wie überhaupt sehen Römische Taxen aus? Erst als eines leer an uns vorbei fährt, begreifen wir es: Sie sind weiß mit einem typischen Taxi-Dachaufsatz. Aber da ist es schon weg.

Und dann kommt tatsächlich der Bus. Ohne Nummer. Also frage ich beim Busfahrer. Er nickt. Erst einmal fühlen wir uns sicher. Anscheinend sehen wir entsetzlich mitgenommen aus, denn eine nur unwesentlich jüngere Dame bietet uns ihren Platz an. Wir quetschen uns beide darauf und suchen nach Information. Im

Inneren werden die Haltestellen nicht angezeigt. Wir erkennen sie nur, wenn der Bus hält und wir auf dem Schild an der Straße lesen können, wo wir sind. Es gibt auch eine Ansage; aber die ist für uns unverständlich. Dann hören wir „Aridicano" und noch ein Zusatz. Nicht Giorgio. Also weiter. Noch eine Haltestelle „Aridicano" mit einem anderen Zusatz. Dann höre ich deutlich „Aridicano Giorgio". Glücklich strahlen wir uns an. Geschafft. Nun müssen wir nur noch das Hotel finden. Ich frage eine ebenfalls ausgestiegene Passantin und sie weist uns den Weg. Die Gegend sieht überhaupt nicht nach Hotel aus, und schon gar nicht nach diesem großen modernen Kasten, in dem wir wohnen. Sie weist nach Vorne und sagt dann „a destra"; das, weiß ich, heißt rechts. Und tatsächlich erkennen wir das Straßenschild der Via Riccardo Forster und die Einfahrt zum Hotel.

Glaube dem Wirt

Die Pastizzeria Andreotti liegt gleich um die Ecke, etwa zehn Gehminuten, und ist das einzige Restaurant hier in der Gegend. Das Hotel selbst hat kein Restaurant. Wir traben nochmals los, denn das Sandwich von Vormittag im Flugzeug hielt nicht ewig vor. Weil wir uns verwöhnen wollen, bestellen wir nichts von der

Pizzakarte, die uns schon fast aufdringlich hingehalten wird. Bernhard ordert ein bistecca (Steak) und ich Saltimbocca alla Romana (Kalbsschnitzel mit Salbei). Der Wirt fragt nochmals nach: keine Pizza? Keine Pizza. Weinsorten finden wir nicht in der Speisekarte, nur rosso und blanco. Also rosso und aqua minerale con gas beziehungsweise gasada. Wir merken schnell, dass die Bestellung Blödsinn war. Wir sind in einer Pizzeria, wo man Fleischgerichte zwar auf der Karte, aber wenig Training damit hat. Das Steak sieht aus wie eine dünne Schuhsohle in Grund und Boden gebraten. Auch meine Saltimbocca schwimmt geschmacklos in einer traurigen Soße. Andere Mitreisende aus unserem Hotel rühmten die Pizza. Gegessen! Lehrgeld: 37 Euro.

Unser Hotelzimmer ist eher eine großzügige Suite mit einem wandübergreifenden Schwarz-weiß-Bild des Peters-Doms über unseren Köpfen. Das fängt ja gut an, scherzen wir in Voraussicht, dass es so großzügig sicher nicht weitergeht mit unserem Arrangement.

2. Tag

Vom Balkon im sechsten Stock blicken wir auf einen Park mit hohen Aleppokiefern. Weit fliegt der Blick auf eine Wohnzeile mit Turm in der Ferne. Rom scheint sehr weit weg zu liegen. Vögel zwitschern uns den Morgen herbei. Die Luft riecht sauber und frisch. Wunderbar. Auch die vermutete Einflugschneise liegt hier nicht. Womit haben wir das verdient?

Das Frühaufstehen tut nicht weh, denn wir waren auch gestern Abend früh in den Betten. Um 7.45 Uhr bereits treffen wir uns mit unserem Gepäck am Bus. Der platinblonde Busfahrer, der unsere Gepäckstücke kraftvoll in den Bauch des Busses wuchtet, ist eine Frau: Anna. Mit ihren engen Hosen und noch engerem Leibchen sieht sie aus wie ein Catcher; dazu die Arme tätowiert wie ein Seeräuber. Magnifico!

Die Teilnehmerzahl hat sich nun bei 45 Leuten eingependelt, etliche kamen gestern noch später am Tag aus anderen Abflugorten. Wir

19

suchen uns ein Plätzchen im Bus und hören, dass wir uns am besten die nächsten Tage immer so setzen sollten, damit wir ein Muster darstellen zum Zählen und Kontrollieren der Anwesenheit. Das sagt Angelina, unsere Reiseleiterin, etwa Mitte Ende Dreißig, mit einer sehr hohen, nach Schweiz klingenden Stimme. Sie ist gebürtig aus dem Appenzeller Land, erklärt sie uns. „Mein Vattrr war ön Appenzeller; der frisst den Kaas mit samt dem Tellrr". Erkennungszeichen: ein knallroter Pferdeschwanz, wie frisch eingetaucht in einen Farbeimer. Am Ende der Reise gibt sie uns mit auf dem Weg: „Nun wisst Ihr also, wo der Pumuckel lebt".

Unsere Bus-Nummer 978, sollen wir uns einprägen. Sie wird uns die ganze Woche begleiten: Annas Bus. Abfahrt um 8.00 Uhr pünktlich, damit die Stadtführerin Brigitte nicht auf uns warten muss. Sie sei darin eigen; habe sogar schon einmal den Bus verlassen, wenn die

Leute statt auf sie zu hören munter untereinander herum schwätzten.

Auf dem Weg zu Brigitte fahren wir an der Pyramide vorbei; die wir schon von früher kennen. Das Sehnsuchtsrelikt aus Kreuzzügen nach Ägypten, woher ja auch die vielen Obelisken Roms stammen, ist zugleich ein Nationaldenkmal für den Unbekannten Soldaten, für den Kränze niedergelegt werden. Wir wissen, dass über der Straße der Friedhof für die „Nichtkatholen" liegt und behalten es für uns. Denn nun sinniert Angelina darüber, dass die Italiener gestern (1. Juni 2018) schnell noch ein neues Parlament gegründet haben, damit am Staatsfeiertag die neuen Parlamentsmitglieder schon mit Schärpe aufmarschieren können. Wer weiß?

Nie an einem 2. Juni nach Rom

Wir hatten es gestern schon gespürt, als wir uns zwischen Militär-Sperren und Tribünen durchwursteln mussten, die meisten Sehenswürdigkeiten sind heute gesperrt. Unsere Stadtrundfahrt wird also spärlich ausfallen. Der Trevi-Brunnen eventuell und die Spanische Treppe. Schaumermal. Einige unserer Mitreisenden haben Blaue Mappen vom Veranstalter vor sich liegen. So etwas haben wir gar nicht erhalten; auch keine Kofferanhänger, um schneller identifiziert zu werden. Naja, wir haben ja bereits erörter, wie chaotisch unsere Vorbereitung abgelaufen ist.

Brigitte stößt am Bahnhof Ostiense zu uns. Den habe Mussolini eigens zum Empfang von Hitler bauen lassen. Ein wuchtiger nüchterner, schmuckloser Bau im Stil des Nationalsozialismus. Die ehemalige Stewardess stammt aus Süddeutschland und lebt bereits 40 Jahre in Rom. Wer noch nie in Rom gewesen ist, erhält nun einen kleinen schnellen Reihumschlag über die Geschichte Roms, eigentlich viele Bruchstücke aus unserm Rom-Buch. Überschwellig erzählt sie von Bernini, dem Künstler und Barockbaumeister. Oh ja, wir haben seine Skulpturen und Brunnen schon bewundert und beschrieben.

Vorbei geht es am ovalen Circo Massimo, dem vorchristlichen Stadion für Wagenrennen, wie man sie aus Ben Hur kennt. Auch hier ist alles fürs Militär abgesperrt. Von Hinten erreichen wir das gigantische weiße Denkmal Vittorio Emanuelle II und fahren nun längs des Tibers an der Engelsburg vorbei. Geplant ist, im Park Villa Borghese zu parken und zu Fuß weiter zu gehen. Doch dann stoppt uns die Polizei und die ganze lange Reihe von Fahrzeugen vor uns.

Nichts geht mehr. „Vermutlich kommt gleich der Staatspräsident vorbei", unkt Brigitte. Und tatsächlich überquert Sergio Mattarella nach zehn Minuten Wartezeit in einem offenen Fiat Cabriolet unsere Straße. Wir erreichen einen Parkplatz und gehen nun zu Fuß zur Säule der Unbefleckten Empfängnis auf der Piazza di Spagna. Papst Pius IX. ließ sie 1856 errichten. Zu ihren Füßen sitzt Moses mit zwei Strahlen aus dem Haar, die in ähnlichen Darstellungen immer wie Hörner aussehen. Wir erfahren, dass jeweils am 8. Dezember der Papst zum Gebet an die Säule kommt und dann mit einem Kran ein Blumenkranz auf die Mariensäule gehievt wird; auch dass es immer wieder wohlhabende Bräute gebe, die ihren Brautstrauß auf dieselbe Weise anbringen ließen, um damit für Fruchtbarkeit und Erhalt ihrer Ehe zu bitten.

Hier auf dem Spanischen Platz befindet sich auch die Spanische Botschaft, die über Jahrhunderte exterritorialer Besitz Spaniens war. Daher auch der Name „Spanische Treppe", die vom Platz hoch zur Kirche Santa Trinitá dei Monti führt. Jetzt im Sommer fehlen die berühmten Blumenkästen. Vor zwei Jahren wurde die Treppe gerade renoviert. Damals hieß es, dass man sie künftig nur noch auf den seitlichen Schenkel betreten dürfe. Aber heute

itzen und laufen die Touristen munter über das berühmte Denkmal Roms.

Zu ihren Füßen befindet sich der Brunnen Fontanella della Barcaccia in Form eines Bootes. Er soll an eine große Überschwemmung erinnern, durch die ein Boot vom Tiber bis hierher gespült wurde. Im Vergleich zu anderen römischen Brunnenanlagen ist dies eine zierliche Form, die von vielen Touristen regelrecht übersehen wird, erzählt uns Brigitte. Über mehrere Schwenks gelangen wir in die Via del Corso, wo uns Brigitte das Goethe-Haus zeigt. Da waren wir schon drin. Beim Weitergehen zur Piazza del Popolo zeigen wir wiederum ein paar Mitreisenden den Optiker-Laden, in dem Papst Franziskus unter Aufmerksamkeit der Medien seine Brille reparieren ließ.

Auf dem Platz berichtet uns Brigitte von den beiden Brunnen: der eine mit der Göttin Merve und der andere mit Neptun, auf den bei bestimmten Tageszeiten ein Lichtstrahl auf sein gutes Teil fällt und er deshalb den Brunnen „mit dem goldenen Pimmel" genannt wird. Plötzlich rauschen fünf Flugzeuge über unsere Köpfe und malen einen Bogen in den Nationalfarben an den Himmel. Entzückt reißen wir unsere Kameras hoch. Wir bedanken uns bei Brigitte für diese tolle Idee???

Arrividerci Roma

Am Tor zur Villa Borghese besteigen wir wieder den Bus. Brigitte verabschiedet sich. Angelina verteilt erst einmal Halbliter-Wasser-flaschen. Sie bietet sie künftig immer wieder gekühlt mit und ohne Kohlensäure an. Sie wird uns auch mehrfach am Tag fragen, ob die Klimaanlage im Bus gut eingestellt sei. Dann verlassen wir Rom in Richtung Neapel und lauschen Angelinas Informationen, was uns in Apulien erwartet. Zum Beispiel das Klima. A-pulien heiße auf Deutsch „ohne Regen". Aber natürlich muss es hier auch regnen, wie die großen Weinanbauflächen und Olivenhaine zeigen. Freilich Schnee sei sehr selten. Wenn, dann höchsten im Februar für ein paar Tage. Dann seien sofort alle Lebensmittelgeschäfte leergekauft. Und noch etwas sei witzig. Es gibt eine Pflicht, Schneeketten im Kofferraum mit sich zu führen. Freilich wisse aber kaum jemand, wie diese anzulegen sind.

Auf der langen Fahrt in den Süden streifen wir relativ früh Neapel. Einige wollen gar den Vesuv gesehen haben. Erst auf der Heimfahrt begreife ich, dass meine Vorstellung von einem spitzen Berg – wie etwa dem Stromboli - wohl nur ein „Wolkengebirge" war. Wir machen erst mal eine Mittagspause auf einer Autobahn-Raststätte.

Ist da jemand?

Die Bedienung, eine junge, in Schwarz gestylte Schönheit, ist überfordert. Sie weiß nicht, wie sie uns in dem großen Raum verteilen soll. Sie gibt zwar Speisekarten aus, nimmt aber keine Bestellung auf. Ratlos hastet sie im Raum herum und wir fragen uns, ob sie uns nicht lieber los hätte, anstatt ihren Job zu tun. Die italienische Speisekarte können wir nur schlecht deuten; denn was da drin steht, sind Eigennamen, die es in Deutschland vermutlich gar nicht gibt. Gottseidank kommt Angelina zu Hilfe; sie

übersetzt und rät uns zu einem typisch römischen Nudelgericht (Name vergessen), aber
Spaghetti mit Pfeffer und Käse. So ziemlich
zehn von uns bestellen aus Einfachheit das
Gleiche, wir wählen noch einen Salat dazu und
einen Mezzo (Halbliter) Rotwein. Ob wir davon je etwas auf dem Tisch sehen werden, ist
uns noch unklar. Noch immer huscht das
Styly-Mädchen wie ein unschlüssiger Wisch-
mopp durch den Saal.

Dann kommt Bewegung auf. Ein Mittdreißiger
betritt den Saal ausgestattet mit Brotkörbchen,
die er im Laufschritt auf die Tische verteilt. Im
Handumdrehen kommen die Getränke. Auch
das plötzlich lächelnde Girl scheint endlich zu
wissen, wofür es hier angestellt wurde. Sie sei
erst den zweiten Tag da, übersetzt Angelina.
Trotzdem: Um ein Haar hätte sie uns womöglich weggeschickt, weil sie nicht wusste, was sie
wie mit uns tun sollte. So sah es jedenfalls aus.
Überraschend wird uns nun auch noch ein
Stückchen Pizza als Gruß aus der Küche serviert. Nach fünf Minuten kommen unsere Pas-
te (Mehrzahl von Pasta) – ratz-fatz. Und es
schmeckt sogar. Auch das Abkassieren geht
ohne Probleme, in dem es eine Cassa gibt, wo
wiederum der gleiche junge Mann sitzt und
tischweise einkassiert. Was so kompliziert be-

gann, endet sehr zügig und erfreulich.

Apulien kennenlernen

Wir fahren weiter in unserem bequemen Bus.
Die hochklappbaren Tischablagen sind zwar
schon lange nicht mehr gereinigt worden, sagt
mir das Papiertaschentuch, mit dem ich sie
feucht abwische. Aber da wir die Plätze nicht
ändern werden, haben wir nun also nur unsere
eigenen Bakterien vor der Nase. Angelina erzählt per Mikrophon über den Süden Italiens,
von dem Apulien ja nur der Absatz des Stiefels
ist. Wir fahren durch die Provinz Kampanien.
Mit der Hauptstadt Neapel. Von hieraus ver-
sorgt das größte Aquädukt Europas Apulien
und den ganzen Süden mit Wasser. Seit 1914
reicht das Aquedotto pugliese, (Apulien heißt
auf Italienisch Puglia) beginnend an der Quelle
des Flusses Sele und unter Hinzufügung weiterer Quellen, 250 Kilometer bis Bari. Erst nach
dem 2. Weltkrieg wurde die Leitung weiterge-
baut bis an die untersten Spitze Apuliens am
Capo Santa Maria di Léuca. Wir werden am
Donnerstag dort, beim sogenannten Wasser-
schloss sein, das man aber nicht besichtigen
kann.

Ein bisschen Geografie.

An Kampanien grenzen im Süden die Regionen Apulien (Stiefelabsatz), die Basilikata (Binnenprovinz mit winzigen Abschnitten am Ionischen und Tyrrhenischen Meer) sowie Kalabrien (die Stiefelspitze), wobei die Basilikata als schönes Nichts geringgeschätzt wird, mit Ausnahme der in den Felsen gehauen Provinzhauptstadt Matera, die wir am Dienstag besuchen werden. Sie ist übrigens neben dem bulgarischen Plowdiw Europäische Kulturhauptstadt 2019.

Überall sieht man Windräder und Photovoltaik-Anlagen auf den Feldern. Im Norden Apuliens wird sehr viel Weizen angebaut, vor allem rund um Foggia, wohin wir allerdings nicht kommen. Die berühmte graue Padolica-Kuh, deren Käse als Spezialität angeboten wird, sehen wir auch nicht, weil die überwiegend im etwas raueren Gargano (Nord-Apuliens) grast. In den halbverfallenen Gebäuden auf den Feldern wurden früher Tabakblätter getrocknet. Unter den mit Folie abgedeckten Rebstöcken werden Tafeltrauben gezüchtet. Sie reifen erst im Herbst. Die Olivenbäume sind hier etwas kleiner und werden in Richtung Süden immer höher. Oh ja, ich erinnere mich an die Giganten im Süden Kalabriens. Allerdings herrscht auch hier ein Virus, an dem die Olivenbäume absterben. Bis zu tausend alte Bäume mussten und müssen gefällt werden. Immer wieder ketten sich Olivenbauern auf ihren Bäumen fest, um den Einschlag zu verhindern. Es gäbe auch schon Ansätze, wie man das Virus bekämpfen könne. Ein Gerücht sagt außerdem: Dieser Virus wüte hauptsächlich da, wo eine Gasleitung verlegt werden solle?!

Je südlicher wir kommen, umso häufiger sehen wir Plantagen mit Kirschbäumen. Die besonders großen, schwarz gereiften Früchte sollen unter anderem an Mon Cherie geliefert werden. Man nennt sie hier auch Eisenbahn-Kirschen, weil sie waggonweise abtransportiert werden. Einige werden wir trotzdem auf dem Buffet unserer Ferienanlage finden.

Zum Süden hin wird die Farbe der Erde immer rötlicher. Dort stehen auch seltsame Steinhütten, wie umgekehrte Blumentöpfe auf den Feldern. Relativ häufig erheben sich dazwischen Rauch-Säulen. Es sei zwar erlaubt, natürliche Abfälle auf dem eigenen Feld zu verbrennen. Der häufige kohlschwarze Rauch signalisiert aber, dass da auch verbotener Kunststoff brennt. Hinter Bari erreicht uns dann doch noch eine Auswirkung des Nationalfeiertags. Stau auf der Autobahn 16. Dafür haben wir nun gute Aussicht auf die Adria.

Im Ort Polignano a Mare, erfahren wir bei der

Vorbeifahrt, gibt es im September immer ein Klippenspringen aus 27 Metern Höhe, zu dem bis zu 50.000 Schaulustige kommen. Bemerkenswert dabei ist, dass sich die Absprungklippe auf einer Terrasse der Privatwohnung einer alten Dame befindet, die also einmal im Jahr regen Besuch erhält. Der auf Klippen gebaute Ort sei wegen seiner besonderen Lage ziemlich teuer. Ein Hauptgericht gäbe es nicht unter 35 Euro. Der Euro wird übrigens auf Italienisch E-Uro gesprochen. Bekanntester Exportartikel von Polignano ist das Lied „Volare", gesungen von Domenico Mudugno, der dadurch zum Ehrenbürger avancierte.

Das Reich von Jürgen

Schon auf der Fahrt zu unserem Ziel werden wir informiert, dass sich die Reihenfolge der Ausflugsfahrten ändern wird. Das kann uns egal sein. Wir hören, dass ein gewisser Jürgen in der Zielanlage für die Gästebetreuung zuständig ist. Er wird uns von Angelina angekündigt wie der Messias: Jürgen da und Jürgen dort, Jürgen sagt und Jürgen macht. Und dann steht er auch zur Begrüßung vorne in unserem Bus, ein beleibter Unterfranke, vermutlich um die 50, und erzählt uns viele nützliche Dinge, die sich sowieso kein Mensch merken kann. Jedenfalls ist er die Begrüßung unseres Reiseveranstalters. Die Zimmerschlüssel werden im Bus ausgegeben, gleichzeitig drängt sich ein gewisser Joe, der eigentlich italienischer und für uns unaussprechlich heißt, durch den Busgang und verpasst uns allen ein gelbes Plastikbändchen ums Handgelenk. Jetzt dürfen wir aussteigen. Vor der Bustür steht eine junge Dame und schnippt mit einer Schere die überstehenden Bändchen so ab, dass man nirgendwo hängen bleiben kann. Das sieht alles sehr geübt aus.

Wir schnappen uns unsere Koffer und folgen dem Rudel über eine große weiße Fläche, vorbei an einem Bau mit der Rezeption. Die brauchen wir heute nicht. Wir haben ja unsere Schlüssel in Form von Scheckkarten. Zwei Treppen führen hinunter zu einer Plaza, auf der sich mehrere Speisesäle, eine Bar mit Außenbereich und eine Bühne befinden, auf der für den heutigen Abend ein Musical angekündigt wird. Abwarten, wie wir uns fühlen nach dieser langen Busfahrt.

Ferienanlage Riva Marina Resort

Von Carovigno ist nichts zu sehen. Die Anlage liegt einzeln und isoliert in unmittelbarer Adria-Nähe.

Auf den ersten Blick eine ziemlich unüberschaubares Terrain. Unter Photovoltaik-Dächern parken Hunderte Autos. Wie wir erfahren, sind derzeit viele private Leute hier, um das Wochenende des Nationalfeiertags zu begehen. Man hilft uns, unseren Bungalow zu finden. Im Grunde sind es Appartements – Schlafzimmer, Bad und eine Terrasse vor der Tür - und das alles in zwei Etagen. Ähnlich wie bei Center Parcs ist die Anlage in Viertel aufgeteilt. Wir wohnen im Bezirk Onice (Onyx); außerdem gibt es noch Giada (Jade), Corallo (Koralle), Topazio (Topas), Malachite (Malachit) und Turchese (Türkis); also Namen von Halbedelsteinen. Dass unser Viertel ziemlich nah am Atrium liegt, wo abends bis 0.30 Uhr nicht nur der Bär steppt, sondern das auch noch ziemlich laut, begreifen wir erst beim Schlafengehen.

Abendessen ist normalerweise um 19.30 Uhr. Da wir jedoch weit nach 20 Uhr ankommen, erwartet uns der Speisesaal – es gibt drei oder vier davon – mit noch voll bestücktem Buffet. An der heißen Theke gibt es Schweinebraten, Schwertfisch, Wolfsbarsch, Pasta, Risotto und eine Riesenzeile mit Antipasti, die meisten undefinierbare Salate wie aus Resten zusammen gerührt.

Wir erhalten einen Tisch zugewiesen, auf dem

wieder unsere Busnummer prangt: 978. An diesen langen Tischen sollen wir uns jetzt immer in gleicher Weise setzen. Pro vier Personen gibt es einen Literkrug Wein und einen mit Wasser. Leider hat jeder nur ein Glas, also mache ich mich auf die erfolgreiche Suche nach weiteren Gläsern. Ich beginne mich mit meinen Nachbarn einzuplauschen: Rechts von mir sitzt Gisela, ihr gegenüber Hubert. Neben ihm Bernhard. Links von mir sitzen Maren und Ulla. Alle weiteren machen nicht mit. Wir werden ihre Namen bis zum letzten Tag nicht erfahren. Ich bemühe mich aber auch nicht darum.

Im Speiseraum herrscht grässlicher Lärm. Er kommt aber nicht von den vielen Kindern, sondern vielmehr von den lautsprechenden Eltern. Morgen, werden wir vertröstet, würden 600 Leute abreisen, allerdings auch 400 neu anreisen. Wie tröstlich! Wir verlassen den Speisesaal und fragen an der Bar nach einem besseren Rotwein. Primitivo habe er, sagt der Barmann. Ja, den kennen wir von zuhause. Aber ehrlich gesagt, schmeckt der auch nicht besser als der Pauschalwein vom Essen. Das Glas kostet drei Euro. Dafür gibt es keine Edelgewächse, ist uns klar. So sitzen wir nun vor der Bar auf der Plaza und versuchen, den Tag ausklingen zu lassen.

Das angekündigte Musical entpuppt sich als Sammlung lauter krachender Gesänge mit hartem Beat und unter Einbeziehung der Zuschauer. Als wir uns gerade freuen, dass das angebliche Musical vorbei ist, knallt nun – viel näher an uns – Discosound auf. Wir trinken aus und verkrümeln uns. Der Sound begleitet uns bis in die Nacht, erbarmungslos bis 0.30 Uhr. Aber eins muss ich sagen: Sie enden wirklich pünktlich.

3. Tag

Frühstück ab 7.00 Uhr. Wir merken recht schnell, dass wir im falschen Speiseraum sind, weil unser Bus-Schild fehlt und auch bekannte Gesichter. Also probieren wir es ein paar Türen weiter. Diese Speisesäle sehen aber auch absolut identisch aus. Auf dem Buffet steht alles, was das Herz des Durchschnittsdeutschen begehrt, was wir aber trotzdem verschmähen: viereckiger Industriekäse, vermutlich aus Holland, Formfleisch im Schinkenlook, Salami von werweißwoher. Hartgekochte Eier, Rührei (sicher aus Flüssig-Ei), Bacon, viel Süßkram wie Kuchen und Hörnchen, Jogurt, Cerealien, Marmeladen, Obst. Es gibt aber auch Dinge, mit denen wir uns gut arrangieren können: Tomaten, Streifen von frischen Paprikaschoten, Gurkenscheiben, gutes frisches

Brot. Dafür lassen wir die harten Pseudobröt-chen gerne liegen. An einer Extra-Bar zapfen wir Olivenöl, Essig, Salz, Pfeffer, Chili. Damit sind wir versöhnt. An zwei Getränkeautomaten gibt es verschiedene Kaffeespezialitäten, Ka-kao, Milch, und heißes Wasser für Teebeutel. Der erste schäumende Kaffeeversuch schmeckt mir gar nicht. Bald habe ich es aber raus: Cafe lungo (ein doppelter Espresso) und noch ein Schuss heißes Wasser (aqua caldo) schmecken mir exzellent. Wir freuen uns auch über die eingeweichten Zwetschgen, die wir uns vor-sorglich in einem Tütchen aber auch selbst mitgebracht hatten.

Bari und Castel Monte

Abfahrt 8.30 Uhr zur Regionalhauptstadt Apu-liens. 320.000 Einwohner. Angelina berichtet, dass es zwar Stadtpläne von Bari gebe, aber das Touristikbüro habe nicht immer auf. Eigentlich erwarten wir solche Pläne von unserem Reise-veranstalter. Anna lässt uns raus und wir be-ginnen den Trip auf der Piazza Ferrarese am orangeroten Theatro Margherita. Es sei das erste Theater Apuliens gewesen, auf dem sich eine Uhr befand. Unweit davon fotografieren wir einen Schandpfahl, eine Art Pranger.

Die dreischiffige Basilika des Heiligen Nicolaus

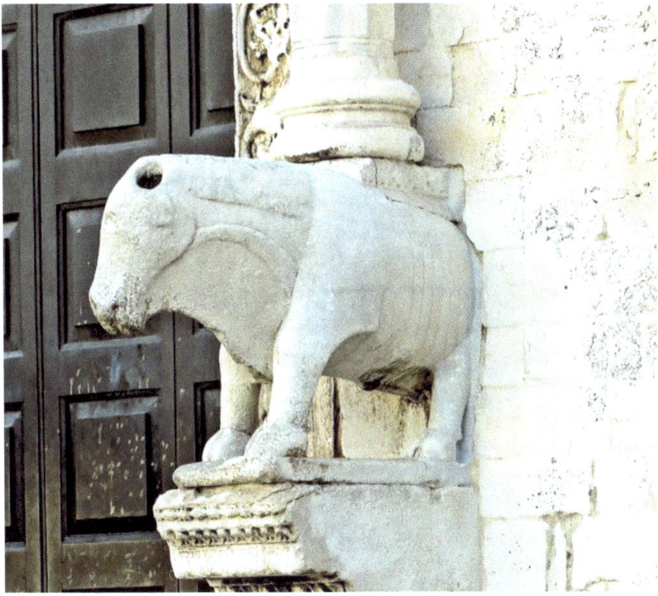

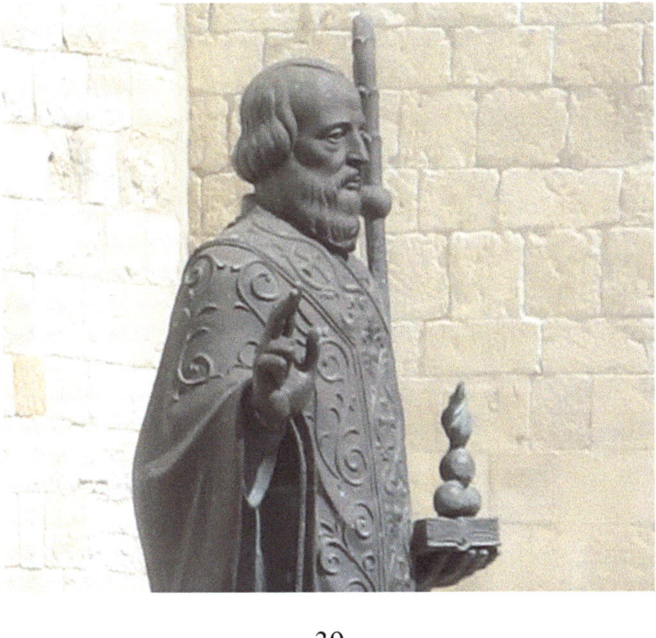

von Myra, ein Vorbild apulischer Romanik, zeigt eine Besonderheit an der Eingangspforte: Wo meistens Löwen wachen, sind es hier Ochsen, deren Hörner ursprünglich aus Gold bestanden. Weil die häufig gestohlen wurden, präsentieren sich die Ochsen heute hornlos. Ochsen, so erfahren wir, seien es deshalb, weil man die Gebeine des Märtyrers, dem die Kirche gewidmet ist, im 10. Jahrhundert in der Türkei gestohlen und mit Ochsenkarren hierher gebracht habe. Weil die Überreste des Heiligen im Mai in Bari ankamen, feiern die Gläubigen nicht nur unseren Nikolaustag, sondern auch noch den, 7., 8. und 9. Mai.

Vor der Kirche erhebt sich die Skulptur des Heiligen Nicolaus in Schwarz mit drei Goldenen Kugeln. Angeblich habe Nicolaus drei armen Mädchen zu einem kleinen Wohlstand verholfen, damit sie heirateten konnten. Er warf ihnen jeweils eine goldene Kugel durch den Schornstein. Auch daher stamme der Aberglaube, Nikolaus komme mit Geschenken durch den Schornstein, erzählt Angelina. Hübsche Geschichte!

Durch enge Gassen mit Torbögen erreichen wir die Kathedrale San Sabino, die 1178 nach dem Vorbild der Basilika erbaut wurde. Zur Sonnwende scheine die Sonne durch die große

Rosette und bilde sie auf dem Boden nach. Das auffallende Bodenpflaster in Schwarz und Weiß auf den Straßen um die Kathedrale diente früher als geheimes Zeichen bei Überfällen. Weiße Wege mündeten in Sackgassen, schwarze signalisierten Fluchtwege und Ausgänge aus der Stadt.

Wir werfen einen Blick in die Kathedrale. Den Gottesdienst kann ich dank meiner noch immer Anfänger-Italienischkenntnisse übersetzen: Der Priester fordert die Anwesenden auf, ihre Wünsche an Gott laut zu artikulieren. Erst spricht ein Mädchen seine Wünsche ins Mikrophon des Priesters, dann auch noch ein Junge. Gefolgt werden diese laut ausgesprochenen Wünsche mit der Aufforderung „ascolte seniore" (Herr, erhöre uns!) durch Priester und Gemeinde. Leise schleichen wir uns wieder hinaus in das gleißende Sonnenlicht mit 30 grad.

Wir passieren das Castello Svevo (Burg des Schwaben), eine bullige Festungsanlage von Kaiser Friedrich II., in der sich ein Gipsmuseum befindet. Dort werden Modelle von Fassadenskulpturen aufbewahrt. Dazu bleibt freilich keine Zeit. Wir fädeln uns nun in eine Seitenstraße mit Tischen ein, auf denen Frauen mit schlafwandlerischer Sicherheit Orecchiette, Nudeln in Ohrform produzieren.

Das Nationalgericht Apuliens
Oreciette von cime di rapa

Cime di rapa, auf Deutsch Stängelkohl, ist eine geschossene Kohlsorte aus der Familie des Broccoli. Er wird in Italien nur in Apulien und Kampanien angebaut. Seine Stängel können bis 80 Zentimeter hoch werden. In türkischen Lä-den kann man ihn als „Rappa" kaufen. Die Kohlstängel und Blätter werden in kleine Stücke geschnitten, zusammen mit gehackten Sardellenfilets und Knoblauch in Olivenöl angeschwitzt, mit etwas Nudel-Kochwasser verdünnt und mit den Oreciette vermischt. Darüber streut man Pecorino-Käse.

Einige bieten auch riesige Beutel mit Taralli an, jene Teigkringel, die erst gekocht und dann gebacken werden. Sie sind typisch für Apulien und wir backen sie von Zeit zu Zeit auch zuhause.

Wir sind um 12.45 Uhr wieder auf der Piazza Ferrarese zur Weiterfahrt verabredet. Da bleibt noch Zeit für einen Salat und ein Gläschen Rosato im Restaurant Verve. Wir müssen dem Service zwar Beine machen, aber als ich Bernhard auffordere, wieder zu gehen, kommen die zwei Burschen doch in die Pötte. Und den Schnellzahler-Satz beherrsche ich auch auf Italienisch:„Vorrei pagare subito per favore" – ich möchte bitte gleich bezahlen.

So nebenbei: Über Bari führt die bekannte Via Appia, 312 v. Chr. begonnen und heute Staatsstraße 7, insgesamt 540 Kilometer von Rom bis nach Brindisi. 71 v. Chr. bildete sie eine blutige Allee, als zwischen Capua und Rom 6.000 Anhänger von Spartacus entlang der Straße gekreuzigt wurden. Spartacus war ein römischer Sklave und Gladiator, Anführer des nach ihm benannten Sklavenaufstandes.

Castel del Monte

Diese Burg ist einer der Höhepunkte unserer Reise durch Apulien. Schon von Weitem erblicken wir die „Steinerne Krone Apuliens", das achteckige Kastell von Kaiser Friedrich II., seit 1996 in der UNESCO-Liste des Weltkulturerbes. Ein achteckiger Grundriss, acht achteckige Türme – die Zahl Acht gilt als Symbol des kosmischen Gleichgewichts. Das Hauptachteck ist 25 Meter hoch, die Türme 26 Meter. Der Durchmesser des Innenhofs etwas mehr als 17 Meter. Vergeblich suchen wir einen Aufgang auf einen der Türme; höher als bis zum ersten Stock kommen wir jedoch nicht. Das Innere — wie enttäuschend - ist leer, abgesehen davon, dass man erkennen kann, wo die Feuerstellen

waren und womöglich ein oder mehrere Thronsessel gestanden haben mögen.

Das Castel liegt im Gemeindegebiet von Andria. Dort habe Friedrich eine Geliebte gehabt, weshalb es ein besonderes Fenster in Richtung dieses Ortes gibt. Sicher ist, dass er den Auftrag zum Bau des Castels mit einem Schreiben vom 28. Januar 1240 erteilt habe. Das Baumaterial ist heller als hier in der Umgebung gebrochener Kalkstein. Das Eingangsportal verziert rotes Konglomeratgestein. Die Verzierungen der Portale befinden sich immer nur auf der Eingangsseite der Räume. Protzen wollte Friedrich nur bei Besuchern. Das ursprünglich farbige Mosaik des Fußbodens ist an einigen Stellen noch nachvollziehbar. In einigen Türmen waren Bäder und Toiletten untergebracht. Das Bauwerk erscheint als in allen Einzelheiten genau durchdachtes Anwesen und gilt trotzdem heute noch als geheimnisvoll. Leider gibt es keine Führung. Wir wuseln also nach Lust und Laune herum.

Die Geschichte der Staufer

(Stammschloss Hohenstaufen in Schwaben)

Friedrich von Staufen, als Enkel von Friedrich I. Barbarossa Friedrich II. genannt, wurde schon als Kind zum König von Sizilien gekrönt. Zunächst regierte seine Mutter für ihn. Als sie ihren Tod nahen fühlte, übertrug sie die Vormundschaft auf Papst Coelestin III. Dem folgte Innozenz III. Sie überließen jedoch Sizilien sich selbst und sicherten sich nur einige Landstriche, um die Zugänge zwischen dem Römischen Reich und Sizilien zu durchtrennen.

Friedrich lebte in dieser Zeit in Palermo, mehr oder weniger gefangen und unter Beobachtung, denn der jeweilige Regent konnte sein Amt nur im Namen Friedrichs ausüben. Seine Bildung erhielt er durch Priester und überwiegend aus Büchern. Dabei lernte er mehrere Sprachen fließend. Mit 14 erklärte ihn der Papst für volljährig und verheiratete ihn mit der zehn Jahre älteren Konstanze von Aragón, Witwe von König Imre von Ungarn.

Friedrich als legitimer Nachfolger seines Vaters und damit 1220 zum Kaiser auf den Thron des Heiligen Römischen Reiches gekrönt, zog über die Alpen nach Norden. Er ernannte seinen Sohn Heinrich VII. (italienisch Enzo) noch zu Kinderzeiten als seinen Nachfolger als römischer König, ließ ihn in Deutschland erziehen und zog selbst zurück nach Apulien. Unter anderem gründete er auf Sizilien die erste Staatsuniversität und bekämpfte die Sarazenen.

Noch in Deutschland hatte Friedrich den Eid geleistet, sich auf einen Kreuzzug zu begeben. Er verärgerte jedoch den Papst, weil er die Abreise immer wieder verzögerte. Der belegte ihn zur Strafe mit einem Kirchenbann. Anstatt nun zum Papst zu pilgern und ihn um Verzeihung zu bitten, brach Friedrich doch noch nach Palästina auf und handelte mit dem Sohn des Sultans von Ägypten einen Friedensvertrag aus, der den Christen Jerusalem und Bethlehem überließ.

Der nächste Papst, Gregor IX. hatte inzwischen einen Aufstand in Sizilien entfacht, den Friedrich aber niederwarf. 1230 schloss er Frieden mit dem Papst. Dann erreichten ihn Klagen über seinen Sohn Heinrich, der in Deutschland gegen die Landesfürsten agierte. Erneut zog er über die Alpen, setzte Heinrich gefangen und ließ seinen zweiten legitimen Sohn Konrad zum neuen römischen König wählen. Friedrich starb 1250. Als Konrad gen Süden zog, um Sizilien zu übernehmen, starb er ziemlich bald an Malaria.

Friedrich hatte noch einen unehelichen Sohn, Manfred. Dieser gründete Mitte des 13. Jahrhunderts die Hafenstadt Manfredonia als neues Domizil für die Überlebenden der durch ein Erdbeben zerstörten antiken Nachbarstadt Siponto. Manfred ergriff nach dem Tod des Vaters nun in Sizilien die Herrschaft, erbte jedoch vom Vater auch die Feindschaft des Papstes und starb in einer Schlacht mit Karl von Anjou, eine Nebenlinie des französischen Königshauses. Der letzte Versuch der Staufer, ihr südliches Reich wiederzugewinnen, endete mit der Hinrichtung des in der gleichen Schlacht gefangenen Konradin, Sohn von Konrad, im Jahr 1268.

Friedrichs Nachkommen beherrschten jedoch trotzdem für Jahrhunderte Sizilien. Der mit einer Enkelin von Friedrich II. verheiratete Peter von Aragón erlangte in Folge eines Aufstands, Sizilianische Vesper genannt, die Herrschaft über die Insel. Die Ära der Staufer jedoch war vorbei.

Weitere Stauferburgen befinden sich reichlich in Süditalien; zum Teil neu errichtet, zum Teil weiterentwickelte Normannenburgen. Hier eine kleine Auswahl, an denen Friedrich II. beteiligt war:

- Castello di Augusta, Sizilien
- Castello Svevo* di Bari, Apulien
- Castello di Barletta, Apulien
- Castello svevo* Brindisi, Apulien
- Castel Fiorentino Apulien; hier starb Friedrich II. am 13. Dezember 1250
- Castello Svevo* Cosenza, Kalabrien
- Torre di Fedrico II und Castello di Lombadia, Enna, Sizilien
- Castello di Lagopesole, Basilikata; erbaut von Manfred
- Burg Lucera, Apulien

- Castello di Manfredonia, Apulien
- Castello Maniace, Syrakus, Sizilien
- Castello di Melfi, Basilikata
- Castello di Nivastro, Kalabrien
- Castello di Orta Nova, Apulien
- Castello Svevo*, Termoli, Molise
- Castello Svevo*, Trani, Apulien
- Castello Ursino, Catania, Sizilien

*svevo = Schwabe, schwäbische Burg

Empfang bei Jürgen

Wir waren geladen zu einem „Empfang" unseres Veranstalters. 19.00 Uhr. Kein Dresscode, wenngleich sich einige schon aufgebrezelt haben. Der immer wieder hochgelobte Jürgen als Vorort-Manager lässt uns Sekt servieren und bietet den Antialkoholikern rosa Saft aus einer Karaffe an. Auf die Frage, was das denn sei, Antwort: Das sei eine Mischung??? Noch einmal werden wir begrüßt. Noch einmal erklärt uns Jürgen, dass der große Andrang vom ersten Abend bereits abgereist sei. Dass am Pool zwischen 11.00 und 21.00 Uhr täglich außer Sonntag kleine Pizzen gereicht würden. Dass man an der Rezeption Handtücher für drei Euro Miete und 15 Euro Pfand leihen könne. Es war uns schnell klar gewesen, dass die hauchzarten

Handtücher schon durch einen leichten Schweißausbruch pitschnass sein würden, geschweige denn, um sich darin nach dem Schwimmen abtrocknen zu können.

Wir erfahren, dass es auf dem Gelände einen kleinen Bazar für vergessene Dinge wie Shampoo gebe, dass außerhalb des Geländes ein Supermarkt namens Philomena existiere mit einer

Besitzerin, die ihr gutes Deutsch in Stuttgart gelernt habe. Die Bimmelbahn genannte Bahn, einige offene Wagen hinter einem als Lokomotive verkleideten Trecker, verkehre laufend von der Anlage zur Adria, allerdings nur bis 19.00 Uhr. Damit wir nicht länger zappen müssen: ZDF empfange man unter 101, 102, 105 und 106. Stimmt nicht; nur unter 100 und 101!

Ehe wir uns versehen, werden uns die sowieso nur halb gefüllten Sektgläser aus den Händen genommen. Also gut: Abendessen. Wir machen es bescheiden. Fischsuppe mit Muscheln, allerdings auch mit Gräten, nestelt Bernhard mit dem Löffel. Nachdem wir abends keinen Salat essen, halten wir uns an gegrilltes Gemüse. Es gibt wieder hauchdünne Fleischscheiben mit einem guten Garpunkt. Ich halte mich an ein Nudelgericht mit schmackhafter Soße Bolognese. Was wir sonst nie tun: Wir nehmen Dessert. Täglich zaubert die Pattisserie einen Tisch mit Torten, Pannacotta, Profiteroles und leckeren Kremschnitten. Dazu gibt es jeden Abend einen großen Korb frischer Kirschen.

4. Tag,

Ostuni

Die „weiße Stadt" liegt wie eine Verheißung vor uns, spiralförmig um einen Felsen angelegt mit meterhohen Mauern. Der Weg dorthin führt entlang uralter Olivenbäumen, denen man die Jahrhunderte ansieht. Bis zu 1.200 Jahre sollen einige Exemplare überstanden haben. Ihre Stämme gewunden und gedreht. Die Legende erzählt, sie wollten aus Scham nie wieder gerade wachsen, weil das Kreuz in Jerusalem aus geradem Olivenholz bestanden habe.

Weiß. Weiß. Weiß. Alle Häuser wirken wie frisch gekalkt. Schmale Häuser mit Treppenaufgängen kuscheln sich bergaufwärts aneinander. An mehreren Stellen wird weiß nachgepinselt. Auch auf einem Treppenaufgang schwingt ein Mann den Pinsel um das Städtchen permanent besucherfein zu halten und damit sich die Geranien noch brillanter vom Untergrund abheben.

Nachdem Hannibal die Stadt zerstörte wurde sie danach prompt wieder aufgebaut. Der Heilige Oronzo, Schutzpatron der Stadt, bewahrte sie vor der Pest. Ihre berühmteste Bürgerin und zugleich die „älteste Mama der Welt" ist Ostuni 1, eine zwanzigjährige schwangere Frau, deren Überreste man in der Grotta di Santa Maria di Agnano gefunden hat. Geschätztes Alter: 25.000 Jahre. Ihr Entdecker nannte sie ursprünglich nach seiner schönen Frau „Delia". Doch die Dame ging fremd und die Ehe zu Bruch. Er rächte sich und benannte die Delia um in „Ostuni 1". Das hat sie nun davon, die ungetreue Frau.

Im Rathaus gibt es derzeit eine Picasso-Ausstellung. Weiter gehen wir zur spätgotischen Kathedrale Santa Maria. Einige Mitreisende wenden sich angewidert ab vom Weihrauchduft, der uns drinnen entgegen schlägt.

Eine schöne Kirche. Keine Kanzel, sondern ein Podest links vom Altar. An der kahlen Wand die freigelegten Reste einer alten Wandbemalung. Prächtige Deckenbemalung.

Erstmals bemerken wir die glatten Böden auf den Straßen. Man muss höllisch aufpassen, denn sie sind selbst im trockenen Zustand rutschig wie glattpolierter Marmor. Ein Lieferwagen zwängt sich durch einen Torbogen und uns fällt nichts Besseres ein, als Ostuni „die Stadt der kleinen Autos„ zu nennen. In einem Lädchen erwerben wir eine Flasche Negroamaro, unser Lieblingswein, den wir auch in Deutschland gerne trinken. Weiter geht es nach Lecce.

Ein Traum von Oleander

Beeindruckend sind die Randbepflanzungen der Straßen und auch Autobahnen: Oleanderbüsche in Weiß, Rosa- und Rottönen, teils mannshoch, als würden Ballettmädchen in Rüschenröckchen zu unserer Begrüßung tanzen. Solche Straßengirlanden kennen wir bisher nur von den Azoren; dort sind es allerdings Afrikanische Lilien und Hortensien in Blautönen von Tintenlila bis Himmelblau. Draußen ist alles grün von den sehr niedrigen Rebstöcken der Region Salentino. Es gibt hier viele kleine Weingüter (Cantine genannt), die auch bei internationalen Verkostungen auffallen und die wir aus dem Katalog Vicampo kennen. Wir bedauern, dass wir keine Chance auf eine Weinprobe mit den Schätzen der Region haben. Der tägliche Wein in der Ferienanlage ist dagegen von simpelster Sorte und wird direkt aus Fässern über einen Zapfhahn in Literkrüge gefüllt. Nun ja, wir machen ja keine kulinarische Reise.

Hier in der Region, in Cellino San Marco, sei der Sänger Al Bano zuhause, hören wir. Dort betreibe er zusammen mit seinem Bruder ein Restaurant, ein Weingut, einen Olivenhain. Man sehe ihn gelegentlich mit seiner Exfrau Romina am Strand spazieren.

Wein aus Apulien (Puglia)

In alten Weinbüchern aus 1992, 1996 bis Ende des 20. Jahrhunderts waren die Weine aus Apulien den Autoren immer nur ein paar Zeilen wert. Speziell Apulien wird dort als süditalienisches Niemandsland beschrieben. Der rote Castel del Monte taucht mit Ach und Krach auf und der Rosé vom Golf von Salento. 1999 liest man erstmals von der Rebsorte Primitivo und den DOC-Gebieten Manduria und Gioa del Colle, auch dass der Salice Salentino und

Brindisi Rosso ein Verschnitt aus Negro Amaro, Malvasia Nera und Uva di Troia-Trauben sei. Heute ist Apulien mit etwa 7 Millionen Hektoliter nach Venetien und Sizilien die drittgrößte Weinbauregion Italiens. Auf einer Rebfläche von etwa 100.000 Hektar wird hier der meiste Wein Italiens produziert. Apulien kultiviert die meisten Rebsorten Italiens, 80 Prozent davon sind rote.

Zugegeben: Wir sind keine Weinexperten. Wir kennen zwar schon seit Jahren den Primitivo (kommt nicht von primitiv, sondern von prima, wegen früher Reife) von unserem Italiener. Wir wussten nicht, dass diese Rebe in Apulien wächst. Daher kommt sie eigentlich auch gar nicht. Man hat ihre genetische Verwandtschaft mit dem sehr erfolgreichen amerikanischen Zinfandel erkannt, weshalb einige apulischen Weinerzeuger die Etiketten ihres Primitivo zusätzlich mit dem Begriff „Zinfandel" hochpuschen. Im Ursprung scheint sie jedoch aus Dalmatien zu kommen und ist auch mit dem Plavac verwandt. Dass der Primitivo als Halbtrocken-Qualität inzwischen bei ALDI angekommen ist, sollte seinen Ruf nicht schmälern. Primitivo wird auch als hocheleganter Rosé (Rosato) angeboten, allerdings nur bei ausgewählten Weinhändlern. Unser Favorit ist der

Neruno Primitivo Rosato von der Cantine (Weingut) San Marzano in der Murge Tarantine.

Die feinsten Weine, behaupten Weinkenner, entstehen auf der Halbinsel Salento, dem südlichsten Zipfel Apuliens. Die meistangebaute Sorte ist der Negroamaro, wobei der Name Programm ist: negro heißt schwarz und amaro bitter. Die Winzer umschreiben seinen Geschmack mit Tabakwürze, Zartbitterschokolade, Brombeeren, Lakritze und Datteln. Seine Reben kommen vermutlich aus Griechenland. Wir lieben ihn und bestellen ihn immer wieder.

Der dritte, besonders zu nennende Rotwein Apuliens, ist der Nero di Troia, eine autochthone Rebsorte, das bedeutet: Sie stammt wirklich von hier. Sie wächst überwiegend um das Castel Monte, darf aber auch in der Provinz Taranto kultiviert werden. In ihrer besonders langen Vegetationsperiode entwickelt sie ein spezielles Aroma, sagen moderne Weinführer.

Es gibt auch Weißwein in Apulien; nicht so viel, dass er außer Landes verkauft wird. Zum Beispiel wachsen im Itria-Tal (Trulli-Gebiet) zwischen Ostuni, Martina Franca und Locotorondo lokale Spezialitäten wie der Verdeca, der Fiano Minutolo und der Bianco di Alessano. Weitere Sorten sind Bombino Bianco,

Francavilla, Falanghina, Impigno, Malvasia bianco, Moscato di Trani und der Trebbiano. Vor allem der Fiano Minutolo wurde erst vor zehn Jahren in den Weinbergen gefunden, kultiviert, vermehrt und ausgepflanzt. Er ist trotzdem eine wirkliche Rarität auch in Apulien geblieben.

Lecce (Steineiche)

Die Hauptstadt (100.000 Einwohner) der gleichnamigen Provinz hatte schon unter den Römern den Ruf für das Gute, Feine und Elegante. Wie in kaum einer anderen Stadt Apuliens findet man so viele Barockbauwerke. Von Dekorationsexzess wird gesprochen, weil sich die Katholische Kirche hier gestalterisch gegen die Reformation austobte und paradiesische Offenbarungen auf den Kirchenfassaden hinterließ. Der weiche Sandstein zeigte sich willig, ließ sich angeblich wie Butter schneiden und erhärtete an der Luft.

Ihre Blütezeit erlebte die Stadt im 16. Jahrhundert, als sie durch Karl V. zum politischen Mittelpunkt des Salento avancierte. Heute kann man sie im Vergleich mit anderen apulischen Städten fast als Großstadt bezeichnen. Aufgeräumte Straßen mit kleinen Einkaufsmeilen, renovierte Palazzi, Bistros, Boutiquen, Studenten, Touristen.

Schon der Eingang zur Stadt lässt unsere Kameras zucken. Eine vielfarbige Oleander-Allee mit vier Meter hohen Bäumen begrüßt uns an der 20 Meter hohen Porta Napoli. Um 14.00 Uhr sollen wir wieder hier sein. Angelina begleitet uns zu einer Führung durch das Castello. Die Basilika Santa Croce sollen wir uns dann selbst antun. Von außen ist sie leider verhängt, weil sie renoviert wird. Auf Angelinas Italiano-Schwützerdütsch klingt das so: „Alles unbeschlossen und mit Rüstung bedeckt" (offen für Besucher aber von außen eingerüstet). Nun ja, sie lebt schon seit über 30 Jahren in Italien.

Basilika Santa Croce (Heiliges Kreuz)

Es wird vermutet, dass die Kirche aus dem 14. Jahrhundert stammt und erst im 16. Jahrhundert im Barock und Manierismus weiter gebaut und verziert wurde.

Besonders die Fassade ähnelt einem über und über geschmückten und verzierten Altar, der vor eine eher schmucklose Wand gesetzt wurde. Sie ist sicher die beeindruckendste Kirche Apuliens, wenn auch eine Dauerbaustelle wie ja auch der Kölner Dom. Da wir keine Kunsthistoriker sind, können wir unsere Begeisterung auch nur im Sinne des Impressionismus weitergeben: Wir waren beeindruckt von Raum, Gestaltung, Farbe, Ambiente. Nein, auch das reicht nicht, die Pracht zu beschreiben.

Unterwegs ein Fenster mit verräterischer aussagekräftiger Glasarbeit: ein Penis. Daran erkenne man, so Angelina, ein ehemaliges (?) Freudenhaus.

Als Spezialitäten werden uns empfohlen: Pastigiotto (Schmalzgebackenes mit Vanillefüllung), Rustico (die würzige Variante mit Fleischfüllung und Bechamelsoße) sowie Cafe mit Mandelsirup. Wir haben das nicht gesucht und auch nicht gefunden. Eher folgen wir erst einmal Angelinas Empfehlung für eine gute Eisdiele. Sie liegt gleich um die Ecke in der Via Trinchese 1 und wir finden sie tatsächlich auch im Marco-Polo-Reiseführer: „Natale". In bester geschmacklicher Erinnerung: Schoko-Eis mit Chili, lecker!

An der Kirche für die Heilige Irena – Erkennungszeichen Wölfin und Steineiche auf der Fassade – bietet eine junge Frau Taralli in salzig und süß an. Sie kann ja nicht wissen, dass wir die Kringel im fernen Deutschland selber backen. Trotzdem kosten wir. Während uns Angelina weiter die Fassade der Irenen-Kirche erklärt, kaufe ich für Bernhard einen Hut, damit er keinen Sonnenbrand auf den Ohren bekommt. Die zehn Euro handle ich beim afrikanischen Händler kurzentschlossen und ohne Einsatz von Überredungskunst auf fünf Euro herunter. Später lesen wir auf dem Etikett: Dieser Hut stammt nicht nur aus China, sondern besteht auch noch zu 100 Prozent aus Papier. Passt zu Lecce, denke ich. Mal sehen, was passiert, wenn er damit im Regen landet?

12.00 Uhr mittags – nein kein High noon, sondern auf der Piazza Oronzo ertönt aus einem Lautsprecher der Tenor Tito Scipa als Alternative zum Glockengeläut. Es sind einfache Lieder, die hier eingespielt werden. An Sonn- und Feiertagen schmettert er aber das Ave Maria über die Piazza

Von der Piazza sehen wir ein Stück des Amphitheaters; es wurde entdeckt und nur teilweise ausgegraben, als man den Boden aufwühlte, um faschistische Paläste zu errichten. Jedenfalls sollen darin 20.000 Zuschauer Platz gefunden haben.

Das Castello

Die normannische Festung aus der Zeit Karl V. sollte die Stadt vor dem Einfall der Türken schützen. Die Führerin Valentina spricht ein unverständliches Deutsch und lispelt auch noch. So trotten wir ihr einfach nach. Thronsaal, an der Decke das Wappen des spanischen (?) Vizekönigs. In Kriegszeiten seien hier immer die Soldaten untergebracht worden. Nichts beeindruckt uns so, dass ich etwas notiert hätte. Das sicher interessante Pappmaché-Museum im Castello ist für uns geschlossen. Stattdessen werden wir durch eine Fotoausstellung mit zwar sehr interessanten Exponaten weltberühmter Fotografen geschickt. Aber dazu waren wir nicht nach Lecce gekommen.

Überhaupt Pappmaché

In vielen Kirchen sehen wir Heiligenfiguren, die so gar nicht nach Gips, Steinskulpturen oder Schnitzarbeiten aussehen. Ihre Gesichtshaut ist glatt wie frisch geliftet. Unweit des Castellos arbeitet auf der Straße ein Künstler an einer solchen Pappmaché-Figur. Sie besteht im Innern aus einem Draht- und Strohgerüst.

Darüber wird die Oberfläche mit einer Pampe aus Packpapier, Mehl und Wasser ausgeformt. Eine Spur Salz darin soll Mehlwürmern den Appetit vermiesen .Mit einem Gasbrenner werden die einzelnen Schichten getrocknet und gehärtet. Offensichtlich eine besondere Technik. Die bisher größte Pappmaché Figur, so hören wir, erreicht immerhin eine Höhe von fünf Metern.

Cartapesta heißt diese Technik, die im 18. Jahrhundert entstand als Alternative zum Ausschmücken der Kirchen, als die Kassen leer waren und sich niemand Stuckateure leisten konnte. Lecce ist der einzige Ort Italiens, in dem diese Kunst überhaupt noch ausgeübt wird und das gleich in 13 Ateliers. Aber auch in den Kirchen der umliegenden Städte sehen wir immer wieder diese Figuren, die sehr lebensecht aussehen; vielleicht ein bisschen zu bunt angemalt mit rosa Wangen und roten Lippen. Weil sie so leicht sind, werden sie gerne zu Prozessionen bestellt. Bedingt wasserdicht seien sie auch, lesen wir; man müsse sie nach einem Regen nur abwischen. Cartapesta-Figuren gelten auch als Geldanlage. Alles was älter ist als 25 Jahre gilt als Antiquität und kann dann richtig teuer sein. Preise erfahren wir nicht. Wenn man bedenkt, dass an einer lebensgroßen Papstfigur zwei bis drei Monate gearbeitet wird, schließlich muss Schicht für Schicht aufgetragen werden und getrocknet werden, kommt, da auch ein kleiner Batzen zusammen.

Wir laufen zurück zum Dom; den sollen wir „in den Rücken nehmen" und zur Porta Napoli zurückkehren. Wie überall in den Städten fallen die großvolumigen Pflastersteine auf. Ist es Marmor oder nur blank geschliffener Sandstein? Jedenfalls ist das Laufen auf ihnen bequemer als auf den kippeligen handtellergroßen Pflastersteinen in Rom, wo Sprunggelenk und Knie pausenlos die Unebenheiten ausgleichen müssen.

Die Alimini-Seen

Auf dem Heimweg machen wir noch einen Fotostop an der zerklüfteten Küste, die als beliebte Kulisse für Modeaufnahmen gilt. (siehe Cover) Es handelt sich um einen Süßwasser-See und einen See, der mit der Adria verbunden ist. Steile Felsen, die an die Algarve erinnern, bilden den Rahmen für malerische Badestellen, die von allerlei Badenixen bevorzugt werden. Am Wochenende findet hier häufig eine riesige Disco im Freien statt. Versteckt im Wald stehen mehrere Hotelanlagen, die ihre Gäste mit Shuttles an die Adria fahren. Das muss man den Apuliern lassen: Zumindest an diesem Stück Adria-Küste verunzieren keine Hotelanlagen die Ufer.

Otranto

Die alte Hafenstadt mit heute etwas mehr als 5.000 Einwohner wurde im 15. Jahrhundert von den Sarazenen (Türken) überrannt und 800 Bürger regelrecht massakriert, weil sie ihrem christlichen Glauben nicht abschwören wollten. Der Bischof wurde enthauptet, Frauen vergewaltigt und die Männer geköpft. Mitte August wird dies jedes Jahr mit einem Gedenkfest für die Märtyrer begangen. In der Capella dei Martiri (1701) rechts der Apsis ruhen 500 der Schädel. 300 weitere befinden sich in einer Kirche in Neapel.

Ein anderes Unglück kennzeichnet im Yachthaven das Schiff Vlora. 1997 ertranken vor Otranto 81 Menschen, mehrheitlich Frauen und Kinder. Sie waren aus Albanien geflohen und suchten einen neuen Lebensraum. In Bari wollten sie anlanden, aber die Regierung Andreotti wies sie ab und schickte sie zurück in den sicheren Tod. Die grünen Glasscheiben in den Bruchstellen des verrosteten Kutters sollen die Wellen des Meers kennzeichnen und den „täglichen Holocaust im Mittelmeer".

Bei Otranto vermischt sich das Adriawasser bereits mit dem des Ionischen Meeres, das den Golf von Taranto füllt und auf Sizilien trifft. Beide Meere mischen sich als nicht erst an der Absatzspitze bei Maria di Léuca, wie oft beschrieben wird.

Vom Yachthaven aus, wo Anna ihren Bus parkt, steigen wir eine Treppe hoch zum Einlass durch die Befestigungsmauer. Die schmalen Gassen sind natürlich voll mit Souvenirlädchen. Ich entdecke Taralli mit Palmöl. Die Verkäuferin kann es kaum fassen. Sie hat wohl noch nie auf das Schild mit den Zutaten geschaut. Wir sehen buntbemalte Dackel. Unsere

Nachbarin, die das Haus hütet und die Zeitungen hereinholt, sammelt Dackel. Ein junger Verkäufer führt uns vor, dass dies sogar eine Pfeife ist. Aber von den 13 Euro, die er dafür will, hat er keinen Verhandlungsspielraum. Ehrlich gesagt: die Dinger sind uns doch ein wenig zu bunt.

Kathedrale Santa Maria Annunziata (Verkündigung)

Das Gotteshaus in apulischer Romanik (1080) wurde wie viele andere Bauwerke im 17. Jahrhundert barockisiert. Weltberühmt ist der Mosaikboden, den der Mönch Pantaleonis 1163 aus über zehn Millionen Mosaiksteinchen über die gesamte Kirchenfläche verteilte und ein riesiges Geflecht an Bibelgeschichten schuf. Instinktiv versuchen wir, vorsichtig aufzutreten, um das Jahrtausendwerk nicht mehr als nötig abzunützen. Es ist nur in seiner Mitte unter Glas geschützt. Aber wenn man bedenkt, dass es bereits 855 Jahre mit Schuhen und verschwitzten Füßen begangen wird, werden wir heute wohl auch nicht viel kaputt machen.

Um 17.15 Uhr sollen wir wieder am Bus sein. Wir genehmigen uns ein Glas gekühlten Rosato aus Primitivo und lassen den Tag ausklingen. Der Tag war anstrengend, aber beeindruckend.

Wenn ich nicht so viel aufgeschrieben hätte, würde vieles verwischen. Auch nicht unser Gespräch über Boris Becker, von dessen Trennung wir gerade erfuhren. Für uns beide haben Geschichten um Boris Becker eine besondere Bedeutung. Wir heirateten vor 25 Jahren am 17. Dezember klammheimlich und bemühten uns sehr, diesen Tag so normal wie möglich als „Verwaltungsakt", einfach verstreichen zu lassen. Zu den Abendnachrichten hatten wir ein richtiges Aha-Erlebnis: Boris Becker hatte am gleichen Tag seine erste Frau Barbara geheiratet. Wir prosten uns zu: Uns beide gibt es noch und liebevoller denn je.

Zuhause in der Dusche fällt uns auf, dass der Boden der Duschkabine zwar gerillt, aber doch verdammt glatt ist. Es fehlt ein Haltegriff. Auch Jüngere können hier, wenn sie sich gerade einshamponiert haben, sehr schnell ausrutschen. Dabei sind gar nicht so wenige Leute in unserem Alter hier. Gab es noch keine Unfälle? Und dann die Handtücher: Sie sind hauchdünn wie wundgewaschene Geschirrtücher. Auch die Duschlaken sind Baumwolltücher ohne Flausch und sofort durch und durch nass, wenn man sich damit abtrocknet.

5. Tag

Matera Sassi

Heute findet eine der Touren statt, die wir in Rom zugebucht haben: Die Felsenstadt in der Nachbarregion Basilikata. Sassi ist die Mehrzahl von Sasso = Stein. Unsere Gruppe wurde wegen geringer Teilnehmerzahl aus zwei Bussen zusammengestellt. Also viele neue, wenig bekannte Gesichter. Lorenzo, unser Reisebegleiter, drängt um 8.30 Uhr zur Abfahrt

La Murgia

Bis Fasano, weit bekannt für seine Brautmoden, fahren wir auf der Adria-Ebene. Dann geht es in engen Kurven steil aufwärts. Angelehnte farbige Autoreifen polstern die Kurven. Vorbereitungen auf ein Autorennen am kommenden Wochenende. La Murgia nennt sich diese Hochebene mit unendlich großen Olivenhainen und Rebanlagen. Auch ein paar runde Trulli-Dächer sind zu sehen. Ja, wir fahren ziemlich dicht an Alberobello vorbei, dem eigentlichen, touristischen Zentrum der Trulli-Häuser. Was für ein fruchtbares Land: Wein, Mandeln, Kirschen, Olivenbäume, die 2000 Jahre alt sein sollen. Es sind aber auch besonders knorrige Gewächse mit dicken vernarbten Stämmen. Von hier kommt die Haupternte des

Primitivo, ein – nach unserer Meinung - unpassender Name für einen fantastischen Rotwein. Hier oben lebt also auch die Pedolica-Kuh, von der wir schon hörten. Und tatsächlich sehen wir einige dieser grauen Vierbeiner, die zwar weniger, aber eine besonders schmackhafte Milch geben. Von hier kommt auch ein einzigartiger würziger Käse, der Cacio (sprich Katschio) Cavallo. Seine ungewöhnliche Form, wie ein birnenförmiger Leib mit abgebundenem Kopf und sein Name entstand, weil per Pferd auf die Märkte gebracht wurde. Wir werden ihn am siebten Tag in Gallipoli noch kaufen.

Anfang Juni leuchten uns die roten Kirschen entgegen. Auf den Feldern stehen schon gepresste Heuballen. Die Erde ist rot von Eisen und Bauxit. Wir durchfahren Putrignano, die Hauptstadt des apulischen Karnevals, der unter den Bourbonen eingeführt wurde. Im Vergleich zur Adria-Ebene ist es hier mit 26 Grad merklich kühler: Der Mohn blüht noch an den Straßenrändern, während er an der Adria schon längst vertrocknet ist. Durch die Basilikata verläuft die berühmte Wasserleitung in den Süden. Zu sehen ist jedoch nichts.

Fotostop für Matera

Da liegt sie also vor uns, die Stadt in den Felsen auf voller Breite, am Rande einer steil abfallenden Schlucht. Es gibt vage Vergleiche mit den Felswohnungen in Kapadokien. Doch Historiker sehen das anders. Matera gehört zusammen mit Aleppo und Jericho zu den ältesten Siedlungen der Erde. Es ist der einzige Ort, von dem die Bewohner sagen können, dass ihre Ahnen bereits vor 9.000 Jahren hier lebten. Sie fanden Höhlen in dem weichen Tuffstein und vergrößerten sie mit einfachen Werkzeugen. Im Laufe der Zeit entstand so ein weit verzweigter Komplex von unterirdischen Höhlenräumen.

Die Geschichte der Sassi

Sassi heißt zwar übersetzt Steine, das Wort kennzeichnet in Matera aber auch die Stadtteile. Der älteste heißt Sasso Barisano. Es ist gut zu erkennen, wie quaderförmige Steine ausgeschnitten und zum Weiterbau benutzt wurden. Ähnliches kennen wir von den Sint-Pieters-Grotten bei Maastricht. Dort hausten jedoch keine Menschen, so wie hier.

Dass sich die Sassi so entwickelten, ist Napoleon zuzuschreiben. 1806 erließ er ein Dekret, dass das Ackerland an die Kirche zu fallen habe. Die Bauern durften nicht mehr auf ihrem Land leben und suchten Unterschlupf in den Höhlen. So entstanden aus den früheren Lagern und Weinkellern enge Behausungen für Menschen und ihre Tiere unter katastrophalen hygienischen Bedingungen. Es herrschten Pest und Cholera. Und das bis ins 20. Jahrhundert. Der Roman „Christus kam nur bis Eboli" (1944, Carlo Levis) beschrieb erstmals die unwürdigen Zustände in den Sassi. Das ursprünglich ausgeklügelte Abwassersystem, das in den Fluss führte, war zugemauert worden so dass sich Seuchen breitmachten und es zu einer hohen Kindersterblichkeit kam. Italien schämte sich.

Als „italienische Schande" ging Matera in die Geschichtsbücher Italiens ein. Bis dahin ahnte niemand von den erbärmlichen Zuständen, in denen Menschen mit ihren Tieren zusammen in den Höhlen dahin vegetierten. Die Regie-

rung in Rom ging massiv dagegen vor und eva-
kuierte von 1952 bis 1968 die komplette Be-
völkerung. 30.000 Menschen wurden zwangs-
umgesiedelt in moderne Wohnungen. Die
Grotten verfielen und dienten nur noch Kindern als Abenteuerspielplatz.

Erst 1986 wurden die Sassi wiederentdeckt und
sogleich unter Denkmalschutz gestellt. Danach
entstand ein umfangreiches Restaurierungspro-
jekt. Heute sind 80 Prozent der Sassi Eigentum
der Stadt. Nur 20 Prozent der ursprünglichen
Bewohner behielten ihre Felsenwohnung, weil
sie die Ersatzwohnung selbst bezahlt hatten.

Heute ist Matera wieder eine belebte Stadt.
Elektrifiziert. Mit Wasserlogistik. In die reno-
vierten Höhlen etablierten sich moderne, schi-
cke Wohnungen, auch ein Vier-Sterne-Hotel.
Die noch leeren Höhlen können in Erbpacht
gemietet werden. Sie sind ziemlich preiswert,
verbunden aber mit der Pflicht, die Renovierung auf eigene Kosten zu leisten. Matera hat
jedoch auch ganz normale Häuser und eine
prächtige Barockkirche.

Steintreppen führen hinunter in die Felsenstadt. Ein paar mit Blumen geschmückte Bal-
kone brillieren in dem öden Grau, das etlichen
Filmen als biblische Kulisse diente. Wir besichtigen eine dreischiffige Felsenkirche mit Fres-

ken aus dem 13. Jahrhundert, die freilich nur noch fragmenthaft zu erkennen sind: Madonna mit dem Kinde, Erzengel Michael, der Heilige Georg. Und überall quillt der Schimmel aus den Nischen. Es gab mehr als 130 solcher Kirchen; heute sind noch sechs geöffnet. Seit der letzten Renovierung im Jahr 2000 verlöschen die Bilder. Wir besichtigen auch eine beispielhafte Höhlenwohnung: Ein hohes Bett, unter dem die Hühner wohnten. Eine Nische fürs Pferd. Eine Truhe für Kleidung. Ein Getreidekasten. Mit Maisblättern gefüllte Matratzen. Ein Webstuhl. Eine Kochnische. Ein glasierter Nachttopf mit Holzdeckel.

Die Piazza Venezia neben der Banco die Napoli ist der Treffpunkt, wo wir uns um 14.30 Uhr wieder einfinden sollen. Wir machen es uns in einem Straßencafe bequem und bestellen Bresaola, hauchdünnes Rinder-Trockenfleisch mit Rucola und noch eine Vorspeise mit Tomaten und köstlicher Burrata, eine Mozzarella-Kugel mit Sahne gefüllt, die sich beim Anschneiden über die Tomaten ergießt und noch mit Salz, Pfeffer und Olivenöl aromatisiert wird. So etwas hatte ich noch nie gegessen und fand es zuhause doch tatsächlich bei Lidl im Kühlregal.

Die „Erfindung der Burrata" basiert aus einer Not heraus. 1956 habe ein Schneesturm in Andria (siehe Castel Monte) getobt. Die Milchbauern konnten ihre wertvolle Sahne nicht zu den Märkten bringen. Um sie zu konservieren, goss man sie in kleine Säckchen aus Mozzarella. Eine apulische Spezialität war geboren.

Wo bitte geht es zum Strand?

Zurück in unserer Anlage ist der Nachmittag noch nicht zu Ende. Wir wollen die Bimmelbahn zum Adriastrand ausprobieren, finden auch das Hinweisschild zum Beach, aber keine Bimmelbahn. Entnervt traben wir zurück und fragen an der Rezeption. Der Weg war anfangs schon richtig; aber an einer unbezeichneten Stelle biegt der rechts ab und wir landen auf einem Platz wie ein Wendekreis. Hier könnte es eine Bahn geben, mutmaßen wir. Und tatsächlich trifft sie nach zehn Minuten ein. Ohne auf weitere Gäste zu warten, rattert das gelbblaue Gefährt sofort los. Es sind offene, überdachte Waggons, in denen wir nun im Zickzack durch die schon abgeernteten Felder knattern. Nach nicht ganz einem Kilometer gibt es eine Haltestelle an einer eleganten Strandbar. Uns bekannte Leute nehmen dort gerade ihren Absacker. Wir laufen erst mal den Sandweg zum Wasser. Es ist zwar etwas Sand vorhanden, aber wenn man ins Wasser will, geht es über Steine; das war im Vorfeld bekannt. Aber schwimmen wollten wir sowieso nicht, vor allem mit unseren hauchdünnen Duschtüchern. Unmöglich. Hätten wir das vorher gewusst, hätten wir natürlich eigene Frottiertücher mitgebracht.

Wie versprochen stehen hier weiße Liegen und Sonnenschirme für jeden Gast. Vergeblich halten wir Ausschau nach dem angekündigten „Strandboulevard", an dem es zwei Restaurants geben soll. Damit sind wohl die Imbissbuden gemeint, die sich hier in einiger Entfernung tatsächlich befinden. Es ist uns zu ungewiss, ob wir dort wirklich etwas Besseres finden als in unserem Speisesaal. Außerdem: Es ist 18.15 Uhr und die letzte Bimmelbahn geht um 19.00 Uhr. Also lassen wir uns an der Strandbar neben der Haltstelle nieder und bestellen uns einen Negroamaro als Aperitivo. Schade. Aus Plastikbechern schmeckt er wie gewöhnlicher Rotwein. Billig. Und das für acht Euro.

In Laune wollen wir über den Tag reüssieren. Matera war schon aufrüttelnd und beeindruckend. Da springt ein blond gelockter Jüngling zu uns und treibt uns an. Die letzte Bahn würde jetzt gehen: es ist Viertel vor Sieben. Gut, wir sind die Letzten. Beim Versuch, den Wein möglichst schnell auszutrinken, verschlucke ich mich auch noch. Ich bin stocksauer. Als wir in der Anlage eintreffen, ist es Zehn vor Sieben. Der Jüngling rennt eilig an uns vorbei. Da wurden wir wohl das Opfer von jemandem, der Besseres vorhatte, als den Gästen dienlich zu sein.

Aha – ein Fliegenfenster

Als wir uns heute von dem täglichen Abend-lärm zurückziehen, untersuche ich das Fenster etwas genauer. Ich entdecke ein festinstallierten Fliegenfenster, das die letzten Nächte wohl ständig offen stand und dadurch der Discolärm so deutlich zu hören war. Es kann aber auch sein, dass unsere Putzfee das Fenster geöffnet hat. Jedenfalls weiß ich nicht, warum ich erst jetzt darauf aufmerksam werde. Jetzt merken wir den Unterschied im Lärmpegel deutlich und schließen dieses Fenster. Kein Problem, wir haben eine gut einstellbare Klimaanlage und leiden unter keinen Empfindlichkeiten.

Noch etwas ist uns beim Heimkommen heute aufgefallen: Vor der Badezimmertüre befindet sich auf dem Fliesenboden ein feuchter Strei-fen, als habe die Putzfee dort eine Straße von

Putzmittel hinterlassen. Die Feuchtigkeit lässt sich zwar mit Toilettenpapier aufnehmen, ist aber etwas zähflüssiger als Wasser. Nachdem wir dieses Phänomen mehrfach und immer an der gleichen Stelle sehen, schließen wir daraus, dass dies ein Niederschlag von der Klimaanlage sein müsse. Trotzdem: Die Gefahr ist zu groß, dass man darauf ausrutscht.

6. Tag

Heute durften wir mal richtig ausschlafen. Abfahrt erst um 9 Uhr. Auf den Plan steht das Trulli-Städtchen Alberobello und die riesige Castellana Grotte. Wieder fahren wir mit unserem gewohnten Bus auf der Küstenstraße 379 nach Fasano und dort die Autorennstrecke hoch auf die fruchtbare Murgia-Hochebene ins sogenannte Itria-Tal. Der Name Tal ist jedoch irreführend. Es handelt sich um keinen Bergeinschnitt, sondern um eine karstige Senkung, die sich zwischen Locorotondo, Cisternino und Martina Franca erstreckt. Diese drei Orte sollen unser Ziel am achten Tag sein. Auch heute erfreuen wir uns an den überwältigend großen Olivenhainen, an den Kirschbäumen und an den ersten Trullihäusern.

Ein Trullo (Einzahl) war ursprünglich ein aus losen Steinen aufgeschichtete Rundbau mit Spitzdach. Die Trockenmauer-Bautechnik war darauf ausgelegt, das Haus schnell ab- und wieder aufbauen zu können, wenn die Steuerbeamten des Königs von Neapel im 14. Jahrhundert unterwegs waren, um aufsässige Siedler zu zähmen. Ziemlich schnell verschwanden diese Siedlungen und entstanden wieder neu, wenn die Gefahr vorbei war. Die meisten Historiker sind sich jedoch darüber einig, dass diese Bauart mit der geologischen Lage zu tun hatte, weil die für den Bau benötigen Steine im Übermaß vorhanden waren. Trullari (Trullo-Bauern) gibt es im Itria-Tal noch viele. Dies ist also kein touristischer Event.

Alberobello heißt „Schöner Baum"

Das Städtchen mit 10.000 Einwohnern steht unter dem Schutz der UNESCO und beherbergt rund 1000 Trulli. Die werden natürlich auf Teufel komm raus vermarktet. So muss zum Beispiel Busfahrerin Anna für jede Anfahrt 50 Euro abdrücken, und wenn sie uns wieder abholt, erneut. Wenn wir nicht pünktlich am Bus wären, müsste sie wegfahren und später erneut – gegen Gebühr – anfahren, um uns aufnehmen zu können.

Die Via Indipendenza teilt die Stadt in das Wohnquartier Rione Aia Piccola und in das touristische Viertel Rione Monti, in das mit uns nun viele, viele Touristen einströmen. Wir erklimmen eine Aussichtsplattform, von der wir die prächtige Trulli-Landschaft bestens fotografieren können. Die Trulli von heute sehen zwar noch genauso lose gestapelt aus, sind aber seit dem 18. Jahrhundert mit Mörtel gesichert. Der Grundriss ist seit dem rechteckig. Man könnte die Trulli fast verwechseln, aber jeder von ihnen hat eine eigene Gestaltung und Symbolik auf den Schlusssteinen, wie man die Zipfelmützen nennt. Die meisten Trulli beherbergen Souvenirlädchen, Weinprobierstuben, Backwaren, Süßigkeiten, Spielzeug, Keramik, gewebte Leinenwäsche. Dazwischen erblicken wir das Restaurant „Aratro", in dem wir uns zum Mittagessen treffen werden.

Auf der Anhöhe dieser Trulli-Gasse erhebt sich die Pfarrkirche Sant Antonia, ebenfalls mit Trulli-Dächern, herrlich kühl an diesem heißen Tag. Das Altarbild nimmt die gesamte Wand hinter dem Altar ein. Elektrische Ablasskerzen sind in Apulien Gang und Gäbe. Man hat wohl Angst vor einem Brand. Der Heilige Antonius (zu Padua) lächelt als Pappmaschè -Skulptur mild und verständnisvoll als Fürsprecher, damit wir unseren Alltag gut meistern können.

Im Restaurant werden uns die aus Bari bekannten Öhrchen-Nudeln mit nichtausmachbaren Rübenschnitzeln serviert. Rezept Seite 42. Dabei muss es sich um die winzigen grünen Teilchen handeln, die so klein sind, dass man keinen Geschmack erkennen kann. Als Hauptgang gibt es hauchdünne Scheiben Schweinebraten auf viel Kartoffelscheiben mit angekokeltem Rand. Der Wirt serviert einen großen Schluck Primitivo und als Dessert eine Pannacotta (Sahnepudding) mit Fruchtsoße. Haben wir etwa Sterneküche erwartet? Nein. Es reicht, um den Tag bis zum Abendessen zu überbrücken. Nach 30 Minuten Busfahrt landen wir an der Grotte. Ein hoher kantiger Turm kennzeichnet als Gegengewicht den Fahrstuhl, mit dem es nun 70 Meter nach unten geht.

Castellana Grotte

Es ist das größte Grottensystem Italiens. Bis zu einer Länge von drei Kilometern (Besichtigungszeit zwei Stunden) ist sie erschlossen mit schmalen Wegen entlang Tausender Stalaktiten, Stalagmiten, Tropfsteinsäulen und das alles von Höhle zu Höhle, sechs riesige Hohlräume bis zu 50 Metern breit und 60 Metern hoch.

Unterirdische Schluchten zeigen, wo der Fluss versiegte, der diese Höhlen vor wenigstens 90 Millionen Jahren (Kreidezeit) auswusch. Höhepunkt ist die Weiße Grotte aus Alabaster, die nur kurz zum Schauen angeleuchtet wird, damit keine Algen die weiße Pracht in Beschlag nehmen können.

Der Höhlenforscher Franco Anelli (1899 bis 1977) entdeckte die ersten Höhlen am 23. Januar 1938 und entwickelte zusammen mit Vito Matarrese die Verbindungen zwischen den Höhlen. Die gleichbleibende Temperatur von 16 bis 18 Grad Celsius bringt uns eine willkommene Abkühlung an diesem heißen Tag, wo die Temperaturen 32 Grad erreichen. Eine Besonderheit sind Stalaktiten, die sich – nicht der Schwerkraft gehorchend – horizontal oder schraubenförmig bildeten. Nach Anelli wurde das Mineral Francoanelit benannt, das hier in der Grotte gefunden wurde. Quellen: www.grottedicastellana.it

7. Tag

Auf dem Programm steht heute Gallipoli. Auf der Fahrt dorthin kommen wir wieder an Lecce vorbei und an dem Ort Nardo, wo 1975 von Fiat eine kreisrunde Teststrecke für Autos gebaut wurde.

Nardo

Seit Mai 2012 steht das Testgelände unter Verantwortung von Porsche Engineering. Auch andere Autohersteller können sie für ihre Versuche buchen. Die Strecke ist 12,6 Kilometer lang und hat einen Durchmesser von vier Kilometern. Dank einer Innenneigung, die die Zentrifugalkraft kompensiert, lässt der Kurs bei Geschwindigkeiten von bis zu 240 km/h ein Fahrgefühl wie auf einer geraden Strecke zu. Wegen des ausgeglichenen Klimas kann der Kurs praktisch das ganze Jahr benützt werden.

Die Pizzica

Angelina erzählt uns über den Volkstanz Pizzica, ein ursprünglich therapeutischer Tanz und etwas Spezielles der Halbinsel Salento. Am Abend vorher hatten wir junge Mädchen mit roten Röcken, weißen Blusen und Hüten gesehen in der Anlage gesehen, die eigentliche Tanzvorführung aber verpasst. Der Ursprung der Pizzica (pizzicare = beißen) gehe auf das 14. Jahrhundert zurück, lesen wir bei Wikipedia, und war als Heilungsritual zu sehen, wen jemand von einer Tarantel gestochen wurde. Man meinte, diese Vergiftung mit künstlichem Fieber beherrschen zu können, das wiederum durch exzessives Tanzen hervorgerufen wurde.

Daher auch der Name „Tarantella" als italienischer Tanz. Praktisch als erste Hilfe kamen die Musiker des Dorfes zusammen und trieben den Gebissenen zum Tanz an. Ziel war, das Gift durch die Kraft der Bewegung heraus zu schwitzen. Aus Solidarität tanzte das gesamte Dorf mit, immer schneller, bis der Patient erschöpft zusammen brach und damit als geheilt galt.

Heute ist der Pizzicatanz eher ein Umwerbungstanz wie zum Beispiel der Flamenco, allerdings ohne Kastagnetten, dafür mit einem Taschentuch, mit dem der Partner animiert wird. Der Mann wiederum drückt seine Sehnsüchte durch die Bewegung der Arme und des Oberkörpers aus, ohne dass es zu einer Berührung kommt. Also da ist Fantasie gefragt. Schade, dass wir das versäumt haben. Nun also

Gallipoli

Die Griechen nannten die heute rund 20.000 Einwohner zählende Stadt bei ihrer Gründung vor über 2.500 Jahren „kalé polis" – Schöne Stadt. Die architektonisch interessante Altstadt liegt auf einer Felseninsel, die über eine Brücke mit der Neustadt verbunden ist. Ein hässliches Hochhaus kennzeichnet den Übergang vom neuen zum alten Gallipoli. Hier lässt uns Anna aus dem Bus. Und Angelina weist uns auf eine Brunnenanlage noch vor der Brücke zur Insel hin. Sie stammt aus der griechischen Antike, sieht von Vorne wie ein einfaches Teil Mauer aus und offenbart sich erst auf der Rückseite als Prachtstück: die Fontana Greca – der griechische Brunnen. Hinter der Brücke folgt eine gewaltige Festung, ein Bollwerk aus dem Mittelalter gegen Angreifer von Land und vom Meer. Auch hier ist man auf Touristen eingestellt. Ein ungewöhnliches Souvenir wäre einer der gelben Waschschwämme. Aber wer von uns seift sich mit einem Schwamm ein? Wir seifen überhaupt nicht mehr.

Gallipoli wurde im 17. und 18. Jahrhundert reich durch den Verkauf von Olivenöl als Lampenöl für ganz Europa. Aus dieser Zeit stammen etliche Palazzi und die barocke Kathedrale Sant Àgata.

Deren Hauptrelique sei eine Brustwarze von der Heiligen Agatha von Catania, die um 250 als Märtyrerin im Feuer starb. Als Tochter wohlhabender Eltern wurde sie auf Sizilien geboren, verschmähte als junge Frau das Werben von Quintinianus, dem heidnischen Statthalter von Sizilien. Er verdammte sie aus verletztem Stolz in ein Freudenhaus und wollte damit ihren Widerstand bändigen. Weil sie sich ihm trotzdem verweigerte, ließ er ihr die Brüste abschneiden. Angeblich sei ihr der Heilige Petrus erschienen und habe ihre Wunden gepflegt. Als dies Quintinianus zu Ohren kam, ließ er Agatha auf glühende Kohlen legen, wo sie verstarb. Als ein Jahr nach ihrem Tod der Ätna ausbrach, zogen die Einwohner Catanias mit Agathas Schleier dem Lavastrom entgegen, der daraufhin zum Stillstand kam. Agatha ist heute die Schutzpatronin der Feuerwehren.

Zurück zum Olivenöl. Bis ins 16. Jahrhundert war Gallipoli der wichtigste Ort für Ölexport des gesamten damaligen Königreichs Neapel. Es war überall in Europa zum Brennen in

Lampen und auch zum Verzehr gefragt und das zu Preisen, die über dem anderer Öle lagen. Es lagerte in unterirdischen Zisternen, die in den Sandstein gegraben waren und es wurde ausschließlich auf dem Seehandel vertrieben. Auf Grund der Wichtigkeit des Ölhandels existierten in der Stadt dauerhafte Residenzen der Vizekonsulate vieler ausländischer Nationen.

Um möglichst viel Olivenöl produzieren zu können, wurden unter den Palazzi große Räume ausgehöhlt und gewaltige Olivenmühlen installiert. 35 sollen es gewesen sein. Wegen der vielen Oliven mahlten sie Tag und Nacht nach einem genauen Stundenplan. Die einen sagen,

weil zu wenig Platz in der Stadt gewesen sei, wäre man unter Straßenniveau gezogen. In der Ölmühle unter dem Palazzo Granafei (gegenüber dem Museum Civico), die der Heimatverein „Gallipoli Nostra" betreibt, heißt es jedoch, dass diese großen Installationen durch die Wucht der Steine und Gerätschaften jedes andere Haus zum Einstürzen gebracht hätten. Man bekommt für 1,50 Euro Eintritt einen Flyer und außerdem eine Audio-Ansage, beides in Deutsch. Die Anlagen mit mehreren Mühlen aus unterschiedlichen Epochen erstrecken sich auf eine Fläche von 200 Quadratmetern.

Zur Südspitze zum Capo Maria de Léuca
(sprich Le-uca)

Schon von Weitem sehen wir den 1864 erbauten Leuchtturm. Mit seinen 47 Metern Höhe ist er nach dem Leuchtturm von Genua angeblich der imposanteste. In Léuca endet die Apulinische Wasserleitung aus der Basilikata; es ist ja wirklich die südlichste Spitze von Apulien. Lange rätseln wir herum, was Angelina immer mit dem Finibus erzählte. Wir meinten, das sei ein kleiner Wasserfall, wo das nicht gebrauchte Leitungswasser ins Meer rauscht. Bis sie uns an der Hand hinführt. Gemeint ist die Basilica Santa Maria de Finibus Terrae, im 18. Jahrhundert erbaut und der Heiligen Maria geweiht.

Begeistert stehen wir auf dem Cap und blicken aufs Meer. Nein, hier fließen nicht zwei Meere zusammen, lernten wir bereits; dieses geschieht bereits bei Otronto, sagt zumindest Angelina. Ob die Historiker bei Wikipedia dem zustimmen?

Grotten gucken

Zwölf von uns machen eine Bootsfahrt entlang der Grotten, die das Wasser teilweise zehn Meter und tiefer in die Küste von Léuca ausgehöhlt hat. Die anrollenden Wellen fressen sich in den weichen Kalksandstein und bilden tiefe Höhlen. In der Ferne nimmt ein riesiges Kreuzfahrtschiff Kurs auf Griechenland. Dagegen ist unser Schiffchen eine Nussschale und genauso schaukelt es in der Brandung, so dass wir immer wieder einen Schluck Gischt vom Bug abbekommen Einige von uns 45 befürchteten, seekrank zu werden. Dafür war die Fahrt nun wirklich zu kurz.

Adriano lässt grüßen

Wir fahren auf der Adriaseite zurück in die Anlage. Angelina legt alte italienische Schlager in den Mediaplayer. „Oh sole mio" schmettert ein Tenor. Und dann gibt uns Anna auch noch den

Adriano Celentano und grölt „Azuro" ins Mikrofon.

8. Tag

„Drei Kleinode im Itria-Tal" lautet das Thema dieser letzten Erkundungstour. Die zweite, die wir als Extratour zubuchen konnten. Unsere Ziele, Locorotondo, Martina Franca und Cisterino gehören zu den 100 schönsten Kleinstgemeinden (italienisch: borghi) Italiens. Die drei Orte liegen maximal 20 Busminuten auseinander. Und weil jede von ihnen auf einem eigenen Hügel thront, kann man die drei Schönen nicht verfehlen.

Wieder sind wir ein zusammengemischter Bus. Eben der Club, der Freiwilligen, die ein bisschen mehr sehen wollen, als die Pauschalreise hergibt. Nun schon zum dritten Male beginnt die Anreise entlang der Adria und dann über Fasano auf die Hochebene Murgia und ins Itria-Tal. Diesmal begleitet uns Angelina und macht uns Appetit. In diesen drei Orten sei es üblich, dass die Metzgereien Mittagsessen auftischen. Freilich müsse man sich am Abend vorher anmelden. Aber dann gebe es unter anderem auch Spezialitäten wie Fleischgerichte vom Esel oder Pferd. So sehr wir auch suchen – Metzgerei auf Italienisch heißt „macelleria" –

wir finden keine. Mag auch sein, dass wir zu früh unterwegs sind und die Tische erst mittags auf die Gasse gestellt werden?

Locorotondo

Der Name sagt alles: ein Ort (loco), rundgebaut auf einem Hügel von 420 Metern Höhe. Locorotondo ist Außerdem Italiens einziger Ortsname mit fünf O. In anspruchsvollen Weinverzeichnissen findet man den Weißwein aus Locorotondo. Er wächst rund um den Ort. Wenn die Bürger hier ihren Sonntagsspaziergang entlang des Stadtrings und der Rebanlagen machen, nennen sie diesen Weg „Strandpromenade". Im Vergleich zu anderen Weinen Apuliens erlangt dieser zusätzlichen Charakter durch stärkere klimatische Einflüsse, denn in Locorotondo fällt im Winter Schnee. Davon zeugen die Dächer. Statt Trulli-Zipfelmützen und Flachdächern gibt es hier grau gedeckte Giebeldächer mit gemauerten Schornsteinen.

Locorotondo verweigert sich dem Massentourismus. Es gibt keine Souvenirlädchen und keine Anmache auf der Straße, irgendetwas zu kaufen. Und so hat man den jährlichen Balkon-Wettbewerb in diesem Juni verschlafen. Da war wohl anderes wichtiger. Eine Plakette an der Wand erinnert an den 1978 entführten und ermordeten Ministerpräsidenten Aldo Moro, der in Apulien gebürtig war. Für uns verwirrend ist das Datum: 10. Mai 2009. Vielleicht hat man an diesem Tag den Platz nach ihm benannt?

Es gibt mehrere Kirchen, die beeindruckendste ist die neuklassizistische Kuppelkirche San Giorgio (1790 bis 1825 erbaut) im Zentrum der Altstadt und ganz oben auf dem Hügel. Im Vergleich zu den vielen Barockkirchen, die wir auf dieser Reise gesehen haben, überrascht diese mit – von weißem Stuck betonten – geraden Linien. Wohltuend fürs Auge, einmal nicht von Farben erschlagen zu werden.

Zur Reduzierung der teuren Müllgebühren hat man 2017 den Bürgern ein witziges Angebot unterbreitet. Wer einen der wilden Hunde adoptiere, sollte einen kräftigen Rabatt erhalten. Die Resonanz war mit acht von 14.000 Einwohnern mehr als bescheiden. Uns ist jedoch kein freilaufender wilder Hund aufgefallen. In der Ferne sehen wir schon unser nächstes Ziel:

Martina Franca

Ja, hier in der bekannten Barockstadt ist schon ein bisschen mehr los. Immerhin: 47.000 Einwohner. Der Beiname „Franca" bedeutet, dass die von Ferdinand von Aragon gegründete Stadt im 16. Jahrhundert steuerfrei war.

An Angelinas Erklärungskünsten scheiterte es, dass wir die Spezialität von Martina Franca, den „Capocollo" zu Gesicht oder gar zu essen bekamen. Sie nannte es ein Fleischgericht vom geräucherten Nacken des Schweines. Kann man sich ja vorstellen. Wir suchten es vergeblich auf den Speisekarten. Im Nachhinein sind wir informierter. Der

Capocollo besteht aus einem Stück gut gemaserten, gepökelten und in Wein (Vino Cotto) marinierten Schweinenacken. Dieser Fleischstrang wird in einen Naturdarm gefüllt und wie eine dicke Wurst abgebunden. Sein intensiver Duft entsteht beim Räuchern mit Eichenrinde, Mandelschalen und Kräutern. Nach relativ kurzer Trockenzeit von vier Monaten, isst man ihn - vergleichbar mit Bündner Trockenfleisch - in hauchdünnen Scheiben zu einem Bröckchen Brot und einem Glas Wein. (Wir hätten eine solche Wurst sicher als Souvenir vom Markt mitgebracht.

Wir wuseln uns durch den freitäglichen Wochenmarkt. Um den Anschluss nicht zu verpassen, bleibt keine Zeit zum rechts und links schauen. Vielleicht nach unserem Stadtrundgang, bevor wir uns am Bus wiedertreffen.

Wir betreten die Stadt durch ein Barockportal an der Piazza XX Settembre und staunen über das Meer von Regenschirmen in allen Farben. Sie baumeln an Drähten über den Corso Vittorio Emanuelle. Was für eine hübsche Deko Idee. Und zugleich Sonnenschutz in dieser heißen Mittagsstunde.

Martina Francas Stadtplan erinnert an ein Labyrinth. Alle Sträßchen und Gassen sind krumm und verwinkelt, so dass man schnell die Orientierung verliert. Das war zu kriegerischen Zeiten vielleicht einmal Absicht. Im Gegensatz zu Locorotondo, wo die Gassenpflaster wie ein Eselsrücken gebogen sind, verhindert die in der Mitte vertiefte Straße, dass bei Regen die Keller volllaufen, sondern sich in der Mitte ein Bach zum Entwässern bildet.

In der Basilica di San Martino am Hauptplatz, der Piazza M. Immacolata, wird gerade ein Brautpaar getraut. Gerührt hören wir ein paar Minuten zu und lästern hinterher über drei aufgetakelte Frauen, die ihre Fettmassen vergeblich versuchten, durch ein Korsett wegzudrücken. Es quillt an allen nicht eingespannten Stellen wie überlaufende Sahne aus einem Topf.

Etliche Male landen wir in einer Sackgasse. Aber – das muss man betonen – alle Gassen haben einen Namen, so dass wir uns auf unserem Stadtplan orientieren können. Staunend passieren wir alte gepflegte Palazzi und wuchtige Ensembles. Dazwischen auch schmale weiße Häuser mit viel Stuck und venezianischen Balkongittern. Wir vermuten, dass sich hinter den geschnitzten Türen herrliche Gärten verbergen, die kaum ein Fremder sieht. Wir lassen uns treiben. An jeder Ecke öffnet sich ein neuer Platz, ein Largo, was eine verbreiterte Straße ist und der mündet dann wieder in ein schmales Gässchen mit sich ähnelnden weißen Hausfassaden, die an diesem heißen Tag noch gleißender wirken, als nur weiß. Trotz Stadtplan landen wir ohne Absicht in einer entlegenen Gasse, triamedial von dem Ort, wo wir entlassen wurden und zu dem wir pünktlich zurückfinden müssen.

Hat man auf uns gewartet?

Wir erblicken ein Restaurant. Ein junger Mann mit Speisekarte winkt uns durch einen schmalen Eingang. Dahinter verbirgt sich ein gepflegtes Lokal. Nur zwei Männer sitzen zusammen. Anscheinend der Wirt; denn er springt auf, begrüßt uns, wechselt ein paar Wort auf Italienisch mit dem jungen Mann und der führt uns weiter durch das geräumige menschenleere Restaurant in einen malerischen, kleinen Innenhof mit Palmen und weißen Säulen. Auch hier sind wir die Einzigen. Aber wir werden umsorgt, als habe man auf uns gewartet. Schnell steht frisches Weißbrot auf dem Tisch. Vergeblich suchen wir die vermeintliche Spezialität Capocollo auf der Speisekarte. Wir wählen zwei Fleischgerichte und gemischten Salat; dazu Vino Rosato und Wasser. Das alles kommt zügig. Es gibt sogar Stoffservietten. Wir fühlen uns trotzdem etwas merkwürdig, als würde der Hammer noch folgen. Warum isst hier sonst niemand? Freilich, die Italiener nehmen ihre Hauptmahlzeit eher abends. Ist noch keine Saison? Oder liegt es daran, dass wir so weit vom Markt entfernt sind? Wir grübeln nicht weiter, sondern genießen unser privates Mahl. Die Rechnung sieht zivil aus. 44 Euro. Wir lassen uns noch den Weg zum Markt zeigen, schauen trotzdem diszipliniert in den Stadtplan, denn was heißt schon rechts und links, wenn die Gassen krumm sind und nach jeder Ecke drei neue Gässchen ohne rechten Winkel folgen.

Ein Schlaraffenland für Feinschmecker

Wir erreichen rechtzeitig den Markt, um uns umzuschauen. Tiralli werden in allen Größen angeboten. Ich kann die zwar selber backen, aber ein Säckchen nehme ich schon mit für die Daheimgebliebenen, Die machen nämlich viel Arbeit. Dann suche ich den Caciocavallo (sprich katschiokawallo), den birnenförmigen Käse, der mit einem Stück Schnur auf Taille gebunden wird. So transportierten ihn die Bauern zu Pferde zum Markt; daher der Name. An einem der Stände dürfen wir bereitwillig kosten; denn es gibt verschiedene Lagersorten. Je länger gelagert, umso würziger. Wir sind uns einige und nehmen einen halben Käse.

Wochen später zuhause sehen wir einen ähnlich Käse mit Taillenschnur, den Scamorza. Freilich kann uns niemand an der Käsetheke sagen, woher er kommt, außer: Italien. Wir recherchieren selbst: Er gehört zusammen mit Provolone und Mozzarella in die Gruppe der Filata-Käse, wobei der frische Käsebruch mit heißem Wasser übergossen, gerührt und zu einem zähen Teig weiterverarbeite wird. Der Scamorza ist eine würzige Variante des Caciocavalo. Unserer ist zusätzlich noch geräuchert.

Wir erstehen auch noch eine grobe gekrümmte Salami. Mit meinem spärlichen Italienisch deute ich richtig, dass dies eine lokale Sorte sei. Auch die darf mit. Für Käse und Salami zahlen wir keine zehn Euro. In Erinnerung blieben viele Gemüsesorte, die wir kennen wie Mangold, Tomaten, Paprika, Peperoni, Auberginen und auch unbekannte. Zum Beispiel die einmal in Spaghetti angekündigten Rübenschnitzel, mir noch immer unbekanntes Grünzeug. Und dann gibt es noch hellgrüne Kugeln, die wie eine Melonensorte aussehen, in Wirklichkeit aber Gurken sind.

Rezept für 80 Taralli

Der Teig, der vor dem Backen gekocht wird.

500 Gramm Weizenmehl
10 Gramm Salz,
100 Milliliter Weißwein
100 Milliliter lauwarmes Wasser
125 Milliliter Olivenöl
Zum Verfeinern: gemahlener Fenchel, Kümmel, Rosmarin oder fein gehackter Speck, gehackte Oliven oder gemahlene Röstzwiebeln.

Alle Zutaten zu einem glatten Teig kneten, abgedeckt mindestens 30 Minuten ruhen lassen. Lange dünne Rollenformen, diese in kleine Stücke abteilen und daraus noch dünnere Rollen formen, die man um einen oder zwei Finger wickelt und zum Kringel drückt. Gut, dass sie nicht aneinander kleben.

Portionsweise in einen großen breiten Topf heißes Wasser, das nicht mehr kocht, werfen und warten, bis sie hochsteigen .Auf einem Geschirrtuch abtropfen lassen, auf ein mit Backpapier ausgelegtes Backblech legen und bei 190 Grad etwa 20 bis 25 Minuten gold-braun backen

In einer geschlossenen Dose halten sie ewig, wenn man sie nicht vorher aufknabbert. Vorsicht: Taralli machen süchtig

Cisternino

Der dritte und letzte Ort im Reigen unserer „borghi piú belli d'italia" (Provinz Brindisi) liegt auch nur 20 Busminuten von Martina Franca entfernt. Auch hier geht es auf einen Hügel und durch ein Tor ins alte Zentrum, das allerdings viel kleiner ist als in Martina Franca, und Locorotondo. Immerhin leben hier 11.600 Einwohner überwiegend von Oliven und dem Anbau von Tafeltrauben. Von der Optik der Häuser unterscheiden sie sich kaum. Auch hier besuchen wir die Kirche, die Chiesa di Maria SS. Addolorata (die schmerzensreiche Madonna). Sie ist im Vergleich zu den teilweise gigantischen Gebäuden dieser Woche sehr klein, fast quadratisch und bescheiden ausgestattet.

Weil Bernhard für kleine Jungs muss, setzen wir uns nieder zu einem Espresso, der in Italien nur Caffé heißt und erhalten das Gewünschte wie eine kleine Theaterbühne arrangiert auf einem Holzpodestchen, mit ausgestreuten Kaffeebohnen, Zucker in einem Miniaturkännchen, wie jene aus Aluguss, in denen Italiener ihren Kaffee aufbrühen. Bühnenreif. Wir sind in der Antipasteria Terra madre gelandet, im Corso Umberto Primo. So viel Theater wegen zwei Espressi. Einfach bezaubernd!

Cisternino geriet übrigens im Jahr 2012 kurzfristig in die Schlagzeilen der internationalen Presse. Am 21. Dezember sollte mal wieder die

Welt untergehen und unter den verschonten drei Städten wurde auch Cisternino genannt. Da wurde es rappelvoll in dem kleinen Dorf. Kurzfristig wurden alle möglichen Privatzimmer hergerichtet und das Dorf, in dem normalerweise im Winter tote Hose herrscht, machte das Geschäft seines Lebens.

Abschied von der Adria

Wir sind so früh zurück in der Anlage, dass wir noch einmal mit der Bimmelbahn an die Adria fahren. Sie kommt auch gleich und fährt sofort los, als wir Platz genommen haben. Noch einmal und dieses Mal mit etwas mehr Zeit wollten wir den sogenannten Strandboulevard erkunden; allerdings nicht über den Strand, sondern auf einem Weg, der parallel am Strand entlang führt. Tatsächlich kommen wir an den Eingang eines Standpavillons mit größerem Restauranteingang; allerdings alles leer. Wir fragen gar nicht nach der Speisekarte, denn das alles sieht nach Tütchen aufschneiden und Mikrowelle aus. Ein farbiger Barkeeper poliert gerade Gläser. Vermutlich räumt er schon für den Feierabend auf. Ob wir noch zwei Rosato bekommen können? Ja. Er nimmt prüfend zwei Flaschen in die Hand, die wir aber eindeutig als Vino Rosso identifizieren. „ Rosato fredo" rufe ich, was kalt heißt und er reagiert tatsächlich mit einer Mine wie eine aufleuchtende Birne und geht in den Nebenraum. Dann kommt er mit zwei bis zum Rand gefüllten Weingläsern zurück. Dass die wirklich nur vier Euro kosten, glauben wir nicht; also lassen wir ihm einen Euro Trinkgeld. Er strahlt uns an.

Wir setzen uns in den Außenpavillon und blicken nochmal auf die Adria. Zehn, fünfzehn Personen, räkeln sich noch in bunten Badesachen im Sand. Die meisten sind wohl schon zuhause und duschen sich. Der Blick auf die Uhr zeigt, dass wir noch eine Stunde bis zur letzten Bimmelbahn Zeit haben. Am Strand sehen wir Hubert aus unserer Gruppe stramm im Sand marschieren. Alleine. Wo ist Gisela? Wir machen uns aber nicht bemerkbar, sondern lassen den heutigen Tag Revue passieren. Unsere seltsam-schöne Mittags-Einkehr zwischen, an einen Klostergarten erinnernden sicher antiken Säulen, hinterließ einen starken Eindruck. Mit uns waren so viele Menschen in Martina Franca unterwegs und nur wir beide hatten dieses reizvolle Restaurant gefunden. Lag es daran, dass wir uns, ohne Angst vor dem Verlaufen, nicht stur nach Stadtplan orientiert hatten, sondern uns einsaugen ließen von diesem scheinbar ungeordneten Netz aus Gassen und kleinen Plätzen?

Um den Pavillon brummt ein Sandverdichter, geschoben von einem Farbigen. Ein anderer Farbiger klappt die Liegen zusammen und schließt offene Sonnenschirme. Irgendwie sieht dieses Menschenensemble aus, wie ein Trupp von schlecht bezahlten Sklaven und wir die Massas. Ein unangenehmes Gefühl. Wir ziehen die Schuhe aus und laufen an der Mini-Brandung zurück zur Haltestelle der Bimmel-bahn. Arrivederci Adria.

Wir packen noch vor dem Abendessen. Morgen geht es zurück nach Rom mit einem Zwischenstopp in Amalfi. Die Koffer können schon um 6.30 Uhr zum Bus gebracht werden. Abfahrt um 7.30 Uhr. Wir wissen, es ist ein sehr langer Weg nach Rom.

An diesem Abend hatten wir uns einen Tisch im Außenbereich reservieren lassen. Ja, das hat geklappt. Wir entdecken ein Reservierungs-schild „FISCAER/SIGMUNG" und beginnen, uns etwas aus dem großen Speisesaal zu holen. Nachdem wir mittags gut gegessen haben, sind es nur kleine Portionen: ein bisschen Fleisch, ein bisschen Fisch, ein bisschen Gemüse und ein letzter gemäßigter Rundschlag vom Dessertbuffet.

9. Tag

Es geht in Richtung Heimat

Eine lange Busfahrt wartet auf uns. Ab Bari geht es auf der A14, später auf der A16 Richtung Neapel. In der Ferne deuten sich Berge vom Norden Apuliens an, der Gargano. Ab Cerignola, wo Apulien aufhört und Kampanien anfängt, enden die großen Ebenen mit Olivenhainen, Rebflächen, Kohlfelder, Getreide und Mangold und die Hügel mit Windrädern beginnen. In der Ferne sehen wir einen Berg wie eine Brust, der sehr dem Pico auf den Azoren ähnelt. Der Vesuv. Immerhin seit den 70er Jahren nicht mehr ausgebrochen.

Gegen aufkommende Langeweile habe ich mir den Historischen Roman „Das Mädchen aus Apulien" mit in den Bus genommen. Ein dicker Schmöker von über 600 Seiten, der sich um die Sarazenenprinzessin Pandolfina dreht, die nach dem Tod ihres Vaters, einem apulischen Grafen, bei Kaiser Friedrich II. aufgenommen wird und mit seiner Erlaubnis sogar Medizin in Salerno studieren darf. Obwohl Angelina Etliches aus ihrem Leben in Apulien und über das Leben in Apulien insgesamt erzählt, verbringe ich die Zeit mit Lesen und Schlafen. Ich notiere allerdings ihr Rezept, wie man den Zitronenlikör Limoncello ganz einfach selbst herstellen kann. Danach ist mir klar, warum der so freigiebig in Italienischen Restaurant nach Begleichung der Rechnung ausgegeben wird:

Rezept Limoncello

10 Zitronen dünn schälen und die Schalen 14 Tage in einem Liter hochprozentigen Alkohol einlegen. Danach einen Liter Wasser mit 800 Gramm Zucker aufkochen und abkühlen lassen. Je stärker man ihn wünscht, umso weniger Wasser wird zugefügt. Dabei wird klar, dass wir dazu ohne Weiteres unseren eigenen Kirschbrand mit 42 Prozent verwenden können. Wie in der früheren DDR kann man in Italien 96-prozentigen Alkohol kaufen. Bei uns gibt es den nur in Apotheken und zwar zu Apothekenpreisen.

Abstecher Amalfi

Wir erreichen eine Raststätte um Neapel, steigen um in zwei kleinere Busse, weil die Kurven hinunter nach Amalfi zu eng sind für unseren langen Bus. Es geht Richtung Salerno, eine der am dichtesten bevölkerten italienischen Städte. Auf der Fahrt über den Monte l'attari, den man wegen der vielen weidenden Kühe, Ziegen und Schafe auch den Milchberg nennt, ist Capri im

Golf von Neapel zu erkennen. Die berühmte Insel sieht aus wie eine schwangere Frau auf dem Rücken. Zwei Sekunden lang sind die Ausgrabungen von Pompeji zu sehen. Wir durchfahren Gragano, die Nudelstadt, die alleine für den Export der Teigwaren einen eigenen Bahnhof erbaute. In den Kurven der Passstraße stehen Verkaufsstände mit Melonen, Steinpilzen, Wein.

800 Meter tief fällt hier die Steilküste ins Meer. Aus dem Busfenster sieht das gefährlich aus, als ob wir in jeder der Haarnadelkurven gleich abstürzen. Es ist trotzdem faszinierend, wie sich Weinstöcke, Granatapfelbäume, Häuser, Treppen und kleine Kapellen in den Fels krallen. Beim Ort Furore gibt es einen tiefen, fjordähnlichen Einschnitt, auf dem die Straße so schmal ist, dass der Gegenverkehr warten muss. Wie Schachteln stapeln sich die Häuser am Fels. Autos parken auf dem Dach von Wohnungen. Die Zwischenräume füllen Kakteen, Agaven, Oliven und Kakibäume auf. Felsentunnel zeugen davon, wie mühsam die Ortsverbindungen einst realisiert wurden. Ein ehemaliges Kloster auf einer Felsspitze gilt als eines der luxuriösen Domizile hier an der Küste. Eigentlich bezahlen nur Russen die 1000 Euro pro Nacht über dem Abhang.

Amalfi zeigt sich uns erst mal gar nicht, denn die Altstadt verbirgt sich hinter Torbögen, über die eine darüber liegende Straße führt. Wir besteigen ein kleines Schiff, das uns für 15 Euro ein Stückchen an der Amalfiküste entlang schippern wird. Immerhin gehört die Küste zum UNESCO Weltkulturerbe. Sophia Lorens Luxushaus mit eigenem Hubschrauberplatz sehen wir nicht,^1 aber viele, viele kleine Anwesen, die eng aufeinander am Hang kleben und sicher nicht alle mit dem Auto erreichbar sind. In den 50er Jahren tauchte die Amalfiküste in unterhaltsamen Liebesfilmen auf und verkörperte das Dolce fun niente, Süßes Nichtstun der italienischen Schickeria.

Amalfi beherbergt mit seinen fünf Teilgemeinden rund 5.000 Einwohner, Amalfitani genannt. Die eigentliche Stadt kann nur eine Fläche von rund drei Quadratkilometern zur Bebauung nutzen. Fotogenes Prunkstück ist der Dom Sant 'Andrea aus dem 10. Jahrhundert im später barockisierten arabisch-normannischen Stil. Am Fuße seiner prächtigen Treppe lassen wir uns von einer der vielen Bars mit bebilderter Speisekarte einfangen. Essen müssen wir ja sowieso etwas. Auf Nepp in der Bar von C. Francese sind wir vorbereitet. Und den erkennen wir sogleich an dem schmutzigen Tischtuch und einem Ständer Papierservietten mit Soßenrändern. Wir waren so schnell an einen Tisch unter Sonnenschirmen hinein komplementiert worden und scheitern dann fast an einem unengagierten Kellner. Meine sicher nicht tolpatschigen Versuche, auf Italienisch zu bestellen, werden mit englischen Floskeln beantwortet. Er hätte auch sagen können: Halt die Klappe und iss, was ich dir hinstelle.

Bernhard bekommt Tagliatelle Bolognese, die gar nicht mal schlecht schmecken. Aber wer weiß, was sie da alles an Resten reingehauen haben, vermiese ich mein Zutrauen in die Küche. Meine Spaghetti Carbonara, die ich unlängst das erste Mal zuhause probierte, erscheinen mir sehr wässrig. Alles, was ich an Nudelwasser in meiner Küche vergessen hatte, holt mich hier ein. Dazu zwei gemischte Salate, deren Mischung aus Eissalat und ein paar Tomatenscheiben besteht. Obwohl Salat und Nudeln nahezu zeitgleich kommen, erhält jeder von uns ein doppeltes Serviettenpaket mit Besteck. Das zeigt uns die Gedankenlosigkeit des Baristo und die Egalität, mit der er uns behandelt. Über den Wein erlauben wir uns keinen Kommentar. Er ist rosa und gekühlt. Punkt. Artig bitte ich auf Italienisch um die Rechnung. 59 Euro. Ich bezahle mit dem vielsagenden

Wort „Magnifico". Kein Kommentar. Ich füge hinzu: „No me piace", Es schmeckt nicht. Den überzähligen Euro bringt er nicht. Wir gehen.

Das Viertel vor dem Dom ist winzig, beherbergt aber viele Lädchen mit Auslagen vor der Tür. Ich kaufe zwei Amalfi-Zitronen als Souvenir für mich. Auf Sizilien lernte ich vor einigen Jahren, dass man die nur dünn schält und dann samt dem weißen Fleisch als Salat zubereiten kann. Versuche mit angeblichen Amalfi-Zitronen aus der Frankfurter Kleinmarkthalle erwiesen sich als Bluff. Es waren nur einfach große Zitronen, aber nicht diese. Auf dem Weg zum Bus lasse ich mich von einem Eisstand mit Zitronen-Eis anlocken. Ich bestelle 1 Kügelchen und der Eisverkäufer will dafür 5 Euro. Ich zeige ihm den Vogel und verzichte. Angelina meint, dass diese Preise normal seien.

Wir fahren zurück zu unserem Bus, wo Anna schon wartet. Irgendwie wollen wir nun alle nur noch heim. Angelina lässt uns schätzen, wie viele Kilometer wir in diesen zehn Tagen mit Annas Bus gefahren seien. 2.800.

Wir sind wieder im gleichen Hotel in Rom vom Beginn der Reise gelandet. Flauschige Handtücher. Im Fernsehen Homeshopping und ein wenig Niederländisch. Vorgeschmack für die nächste Reise?

Dieses Mal nehmen wir die Pizza in der Pizzeria nebenan. Sie ist wirklich ein Gedicht: groß, hauchdünn mit Knusperrand, üppig belegt. Der Wein ist ordentlich, freilich kein Vergleich mit den Provenienzen, die wir zuhause aus Italien haben. Aber die gibt es bei unseren Durchschnitts-Italienern in Deutschland auch nicht. Vielleicht bei Luigi in Groß-Zimmern, wo wir vor Jahren erstmals auf Primitivo stießen, ohne zu wissen, dass er aus Apulien kommt. Auch ohne zu wissen, wo Apulien liegt.

10. Tag

Rom hier draußen und dann noch an einem Sonntag. Vor uns liegt wieder der Park mit den hohen Aleppokiefern, die bis in den 4. Stock (piani) reichen. Vögel zwitschern wie bei uns zuhause. Einige schreien martialisch. Beim Frühstück hecheln wir noch mal die Mitreisenden durch. Zum Beispiel dieser gesichtslose Mann, der uns die ganzen zehn Tage nicht aufgefallen ist. Er sitzt wiederum neben einer hübschen Brünetten, die ich nahezu täglich wegen ihrer mädchenhaften Oberteile bemerkte. Nebenan sitzt das Mannheimer Ehepaar, das wir bereits beim Abflug in Frankfurt kennenlernten. Sie haben sich in ihrer Erscheinung und in ihrem Reden und Bewegen in keiner Weise verändert: Sie patente Mutti und Oma, quirlig, unkompliziert und immer eine praktische Lebensweisheit auf den Lippen. Ihr Mann, etwas stiller, stets freundlich lächelnd und immer präsent. Nein, es kam nicht zu Verbrüderungen und der Sehnsucht, sich nach der Reise wiederzusehen.

Ich sitze noch einen Moment auf dem Balkon. Nebenan kotzt sich der große Dicke seinen Raucherhusten aus den Bronchien. Seine Bungalowtüre im Riva Marina Ressort war bei Anwesenheit stets geöffnet oder er saß gleich vor der Tür und paffte. Wie ich das kenne aus über 20 Jahren Raucherkarriere und wie ich nun diesen Augenblick genieße, dass ich diese Sucht los bin; immerhin seit gut 35 Jahren.

Da sind die beiden Damen aus Chemnitz, Schwägerinnen, stets mit lockeren Kommentaren auf gemäßigtem leicht heiserem Sächsisch. Von einer der beiden erntete ich auf der Heimfahrt zurück nach Rom große Dankbarkeit, weil ich sie mit einer Tablette Voltaren von ihren Rückenschmerzen erlöste.

Da waren noch dieser smarte Grauhaarige mit leichtem Bechterew-Buckel und seine stets fröhlich lächelnde Frau mit weißem Häkelhut. Und dann dieses ältere Ehepaar, das sich morgens und abends unbeschreibliche Mengen hineinstopfte, obwohl man beiden die permanente Verstopfung an ihrem hohen harten Leib ansehen konnte. Sie waren sicher zehn Jahre jünger als wir, wirkten aber behäbig und ungelenk.

Schade, es blieben mir nur wenige der 43 Mitreisenden so in Erinnerung, dass ich etwas Charakteristisches darüber schreiben könnte, ganz anders, als dies nach unserer Patagonien-Reise der Fall war. Vielleicht noch die beleibte blondierte Anästhesistin mit einem Fettsteiß, der wie der Promontorio del Gargano (Halbinsel in Nordapulien) unter ihrem Rücken herausragte. Immer wieder schüttle ich ungläubig den Kopf, wenn ich Mediziner antreffe, die dermaßen liederlich mit ihrem Körper umgehen.

Ja, auch noch der smarte Krauskopf Thomas, der irgendwie etwas Negroides im Gesicht hatte. Er videografierte alles, was ihm vor dem Sucher kam. Aufgefallen war er mir bereits bei der Ankunft in Rom mit seinem fast antiken weißen Hartschalenkoffer mit Telekom-Logos auf den Verschlüssen. An einem Mittag lud ich ihn zu uns an den Tisch ein, weil er wieder einmal alleine an einem Tisch saß. Aber er lehnt ab; er sei es gewohnt, alleine zu essen.

Um 10.10 Uhr holt uns Anna ab zum Flughafen Rom-Fiumicino. Gate 003. Trotz gemeinsamem Eincheckens sitzen wir weit auseinander: Bernhard ganz vorne und ich in der vorletzten Reihe. Doch bis zum Abflug um 13.25 Uhr ist noch viel Zeit. Wir suchen uns ein Plätzchen, teilen uns ein Stück Pizza Margherita und trinken einen Merlot-Cabernet aus Plastikbechern. Bernhard probiert das Free-Wifi und entdeckt, dass sich unser Abfluggate schon wieder geändert hat. Mir ist das alles egal. Ich will jetzt nur noch heim, heim, heim. Die vielen dicken Frauen in offenherzigen, viel zu engen Leibchen ekeln mich an.

Wir reisten mit Trendtours. Wie wir unterwegs und danach erfuhren, existiert diese Reise seit vielen Jahren mit wechselnden Unterkünften aber meist den gleichen Tagesausflügen von April bis Juni und von September bis Oktober.

Nachlese

So unschön diese Reise begann, sind wir doch beseelt von den Landschaften und Städten, von den Dörfern und Kirchen, von der Geschichte und den Geschichten, die sich hier und da ergaben oder die wir nachträglich recherchierten. Das verbindende Element war die rothaarige Angelina, die immer wieder aus dem Leben der Menschen in Apulien erzählte, Dinge, die in keinem Reiseführer stehen, die man nur weiß, wenn man selbst hier lebt. Es sind immer die Reisebegleiter, die Entscheidendes leisten, ob so eine Studienreise einen Nachhall bringt oder nicht. Daraufhin haben wir gleich noch einmal Rosato aus der Cantine San Marzano bestellt, um die noch folgenden Sommerabende zuhause auf der Terrasse mit apulischen Erinnerungen zu genießen.

Fast schmerzlich nehmen wir wahr, dass sich apulische Lebensmittel und Weine schon fest im Abverkauf des deutschen Lebensmittelhandels etabliert haben. Sie sind uns nie aufgefallen. Ob bei ALDI oder Tegut, Lidl oder Karstadt – überall stehen Apulische Weine im Regal und sie schmecken hervorragend, auf alle Fälle um Potenzen besser, als das, was man uns Tag für Tag in der Ferienanlage literweise verabreicht hat. Auch das Focaccia, das man uns zum Abendbuffet aufgetischt hatte, ist kein Vergleich mit Selbstgebackenem.

Dieses Fladenbrot gibt es in unzähligen Variationen. Italiener kaufen es beim Bäcker. Doch am besten und zartesten schmeckt es selbst gemacht. Also los. Hier ist das Rezept.

.

Focaccia (mit Kirschtomaten)

½ Würfel Hefe (20 Gramm) in eine Schüssel bröckeln und mit 300 ml lauwarmem Wasser, 50 ml Olivenöl und ein Esslöffel Honig vermengen und auflösen. 500 Gramm Mehl, ein Esslöffel Meersalz (ich gebe gehackten Rosmarin oder getrockneten Oregano hinzu) in einer Schüssel oder Knetmaschine mit der Hefe-Mischung zu einem Teig verarbeiten. Dauert in der Maschine nur acht Minuten. Auf bemehlter Arbeitsfläche so lange kneten, bis er nicht mehr an den Händen klebt. Den Teig in eine mit Olivenöl ausgepinselten Schüssel geben, zudecken und an einem warmen Ort 45 Minuten gehen lassen.

Den Teig entweder zu vier kleinen Fladen formen oder komplett auf ein Backblech ausbreiten. Zugedeckt erneut 30 Minuten gehen lassen. Besonders fruchtig wird die Focaccia, wenn man nach dem Gehen kleine Kirschtomaten in den Teig drückt. Nun vier Esslöffel Olivenöl über die Oberfläche verteilen, mit etwas Zucker, Pfeffer und Meersalz bestreuen und im Backofen bei 250 Grad (200 bei Umluft) etwa 8 bis 10 Minuten knusprig backen. Es schmeckt auch noch am nächsten Tag.

Und das mit dem Capocollo schaffen wir auch noch, zumal wir inzwischen wissen, dass der Capocollo zwar bekannt ist für Martina Franca, dass aber das Ur-Rezept aus Kalabrien kommt, also von der Stiefelspitze. Man kann ihn ganz normal im Internet bestellen. 1,8 Kilogramm kosten etwa 50 Euro, der Versand noch einmal zehn Euro. Eine erste Kostprobe fanden wir bei unserem Edeka-Markt, zwar nicht die Art aus Martina Franca, aber eben der gepökelte, geräucherte, hauchdünn aufgeschnittene Capo unter dem Begriff Copa. Die Zartheit dieser leicht zerreißbaren Scheiben und der intensive Geschmack lassen den ziemlich hohen Fettanteil vergessen. Fantastico! Delicato!

Literatur

- Apulien, Marco Polo, 2014
- Apulien, Kalabrien, Dumont, 2016
- Das Mädchen aus Apulien, Iny Lorentz, Knaur, 2016
- Wikipedia

Norderney – im Winter
kein Fall von Toter Hose

Wenn die Weihnachtsurlauber abreisen, beginnt für die Gäste eine reizvolle Zeit ohne Fremdbespaßung. Einsam ist es trotzdem

nicht, bei rund 5.000 Urlaubern, Reha-Kliniken eingerechnet. In den Restaurants, wo sich auch die Norderneyer treffen, gibt es genug Platz. Vier Fünftel der vier Kilometer langen Insel sind Dünen mit Rad- und Wanderwegen. Mittendrin liegt die „Weiße Düne". Das gemütliche Restaurant mit Bullerofen und Wolldecken in den Freiluft-Strandkörben bietet rustikale Speisen.

Fast luxuriöse Kur- und Badeeinrichtungen versprechen Spaß und Entspannung. Im Conversationshaus am Kurpark gibt es Konzerte, Lesungen, eine Bibliothek, Spiele und ein Internetcafé. Das pompöse Kurtheater im Tudor-Stil dient auch als Kino. Etliche Museen haben geöffnet. Der autofreie Ort selbst lädt ein zum Flanieren.

ISBN: 978-3-7392-4299-6, 7,99 € E-Book 4,99 €

Azoren – wundersame Welt im Atlantik

Der Archipel der neun Vulkan-Inseln ragt aus den Tiefen des Atlantiks. Dieses Paradies begeistert Wanderer und Entdecker mit unzähligen blauen und grünen Kraterseen in bewaldeten Schluchten, heißsprudelnden Quellen und geselligen Thermalbädern.

Die Hauptinsel São Miguel betörte uns mit Teeplantagen, kleinen Häfen, Dörfern und üppigen Hortensien-Girlanden längs der Autostraßen. Wir bestaunten botanische Dinosaurier der Gentlemen Gardens in der Hauptstadt Ponta Delgada und verließen jedes Restaurant mit dem Gefühl von guter, ehrlicher Küche.

Auf der Insel Pico mit seinen Weltkulturerbe-Weingärten, reifen die Reben in Lavakränzen zu besonderem Wein. Wir erklommen den Pico, mit 2.351 Metern der höchste Berg Portugals. In Horta auf der Insel Faial, dem Sehnsuchtshafen der Atlantiksegler, sogen wir am Atem des Mittelalters und der Zeit der ersten Atlantik-Telefonkabel.

ISBN: 978-3-7412-8040-5, 11,99 €, E-Book 4,99 €

Rom – mit einer Kunsthistorikerin

Rom ist keine Stadt zum Ablaufen, Gucken, Pizza essen und gut.Unser Guide Eva wählte gut aus, damit wir nicht von touristischer Masse überfüttert wurden und uns trotzdem auf einer geschichtlichen Zeitachse orientieren konnten. Fasziniert verfolgten wir die Rivalität der Barockbaumeister Bernini und Borromini. Mit Brunnen, Palazzi, Skulpturen und Kirchenbauten schaukelten sie sich im abgrundtiefen Hass gestalterisch gegenseitig hoch und schufen im Auftrag der Päpste Meisterwerke für die Ewigkeit. Bald lechzten wir nach Bildern von Caravaggio, dem wilden cholerischen Maler, der seinen Heiligen schmutzige Füße und das Antlitz seiner nicht gesellschaftsfähigen Geliebten Lena verlieh. Eva weihte uns in

die Skandale der Barock-
zeit ein, dass wir uns wie
Schlüsselloch-Gucker
fühlten. Wir besuchten
die Kulissen der Antike
und berühmter Filme wie
Ben Hur, La Strada und
cineastischen Bilder von
Roberto Rosselini, Fe-
derico Fellini, Vittorio
De Sica und Luchino

Visconti. Beeindruckende Paläste und Kirchen,
berühmte Straßen und Plätze brachten unsere
Herzen in Aufruhr und ließen uns den Atem
stocken. Fast argwöhnisch beobachtete uns
Eva beim fleißigen Mitschreiben, weil sie wohl
ahnte, dass wir viel von dem notierten, was sie
zwischen den Zeilen, manchmal auch trotzig
zwischen den Zähnen loswerden wollte und
was in keinem üblichen Reiseführer nachzule-
sen ist.

ISBN: 978-3-7448-5660-7, 12,90 €, E-Book 4,99 €

Patagonien – ein aufregendes Ende der Welt

Patagonien ist riesig. Von Norden bis Süden
eine Distanz wie Paris und Teheran. Das fährt
man nicht einfach so ab. Da muss man die
Höhepunkte kennen und wie man am besten

von A nach B kommt; sonst ist man Jahre unterwegs in unendlicher unbewohnter Pampa, durch Wüsten, über Gebirge und Gletscher. Dieses Buch beschreibt die Reise einer zwölfköpfigen Gruppe, die mit dem deutschen Veranstalter SKR (Mängel beschrieben!!) und deutscher Reiseleiterin vierzehn Tage unterwegs war, mit Flugzeug, Omnibus und Schiff. Sie erlebten Ushuaia, die südlichste Stadt der Welt am Beagle-Kanal, den argentinischen Nationalpark Terra del Fuego (Feuerland), ein Biber-Reservat, El Calafate und den Perito Moreno-Gletscher, Puerto Natales und den chilenischen National-

park Torres del Paine mit dem Gray-Gletscher und seinen grandiosen turmartigen Granitbergen, ein Asado-Festmahl auf einer Estancia, die Hafenstadt Punta Arenas und eine riesige Pinguinkolonie mitten in der Magellanstraße. Beeindruckend war Buenos Aires als zweitägige Reiseunterbrechung auf der Hinreise mit Stadtführungen zu den wichtigsten Sehenswürdigkeiten. Die Heimreise stückelten wir mit Stippvisiten in der chilenischen Hauptstadt Santiago, dem Weinanbaugebiet Casablanca und Valparaiso, die berühmte Hafenstadt der mit Malereien verzierten Fassaden; alles Sehnsuchtsorte des Dichters Pablo Neruda, von dem wir zwei seiner künstlerischen Anwesen besuchten.

Am Ende dieser Reise begreift man, dass Patagonien nicht einfach eine Region ist, sondern die Summe menschlicher Schicksale von Indianern, Abenteurern, Forschern, Entdeckern, Hasardeuren und Lebenskünstlern auch aus Europa, aus Deutschland

Mit diesen Reisebeschreibungen kann sich jeder seine Tour selbst zusammenstellen und uns einfach hinterher reisen. Vor allem weiß man dann, wo die Tops sind und welche Flops man besser vermeidet.

ISBN: 978-3-7431-8152-6, 11,99 €, E-Book 5,49 €

Island mit dem Schiff

Das Bereisen von Island, die Sehnsuchtsinsel Vieler, bedingt aufwendige Vorbereitungen, wenn man sich alleine auf den Weg macht. Man braucht ein geländegängiges Fahrzeug und mehrere Wochen Zeit für **ein paar tausend Kilometer** auf der Ringstraße ohne Abkürzungsmöglichkeiten und die unbedingte Reservierung von Übernachtungen. Denn in den klimatisch akzeptablen Sommermonaten strömen 2,3 Millionen Besucher auf die Insel. Wir bevorzugten eine **Schnupperreise über zehn Tage**.

Die Stops sind **Stykkishómur, Isafjördur, Siglufjördur, Akureyri, Husavik, Seydisfjördur** und auf den **Westmänner-Inseln**, bei

gutem Wetter auch in **Djupivögur** und auf der **Insel Grimsey**. Die Busausfüge gehen zur Halbinsel **Snaefellsnes,** über die Bergpässe der **Westfjorde,** zu Wasserfällen, zum Mückensee, **Solfatarenfeld Hverarönd** und immer wieder zu Wülsten und Schluchten, wo sich die amerikanische und eurasische Erdplatte auftürmen und auseinanderdriften. Beschrieben sind auch die Allmännerschlucht und der faule Geysir **Strokkur**

ISBN: 978-3-7460-3453-9, 12,99 €, E-Book 8,99€

Warten auf Panorama: Zugspitze

Eine Fahrt zur Zugspitze klingt vielleicht einfach, wird aber nur ein wirklicher Genuss mit Blick auf die 400 Alpengipfel. Wie frustrierend muss es sein, wenn man die 45 Euro für Berg- und Talfahrt ausgibt und nichts außer Nebelschwaden und Waschküche erlebt. Wir hatten Glück und erwischten schon am vierten Tag das Zeitfenster zwischen Regen und Nebel und erlebten eine grandiose Bergwelt auf dem höchsten Gipfel Deutschlands. Das „Warten auf das Panorama" versüßten wir uns mit interessanten Ausflügen in der nächsten Umgebung rund um Kochel- und Walchensee.

Zwei bedeutende Maler hinterließen hier am Fuß der Zugspitze ihre Fußabdrücke: der Expressionist Franz Marc im Franz Marc-Museum in Kochel und der Impressionist Lovis Corinth am Walchensee. Es gibt idyllische Kunst-, Spazier- und Wanderwege, leichte und schwere Kraxeltouren und die Seilbahn auf den Herzogstand, einer der Lieblingsberge von Ludwig II. Anfang des 20. Jahrhunderts war das Walchensee-Wasserkraftwerk mit einer Leistung von 124 Megawatt eines der größten Wasserkraftwerke der Welt. Eine spannende Dauerpräsentation lässt die Zeit verschmerzen, die man auf klare Sicht auf der Zugspitze wartet.

Es sieht fast so aus, als hülle sich die Zugspitze mit Absicht immer wieder in eine Wolkendecke, damit ihre Besucher dem schönen Werdenfelserland auch ein paar Blicke gönnen. Die Hotels und Gasthöfe sind darauf vorbereitet, täglich die Gipfelkamera auf ihren Monitor zu holen, damit man den idealen Zeitpunkt erwischt. **Das Büchlein hilft, die richtige Entscheidung zu treffen, ob man nur mit der Seilbahn rauf- und runter- fährt oder eine Strecke mit der nostalgischen Zugspitz-Eisenbahn, von bayerischer Seite oder von der Tiroler, wann und ab welchem Bahnhof. Der Preis ist immer gleich.**

ISBN 978-3-7528-2329-5, 7,99 €, E-Book, 4,99 €